知識ゼロでも基礎からわかる

デジタルインボイス

DIGITAL INVOICE

入門編

税務研究会出版局

目次

PART 2

デジタルインボイスで変わる バックオフィスと税理士業務

記事広告（ＰＲ）

特別寄稿

EIPA（デジタルインボイス推進協議会）

巻頭メッセージ

請求書から作業をなくそう

Data to Dataでつながる未来 社会的コストの最小化を図る

あらゆる取引がデータ同士でつながれば、バックオフィス業務は改善され、社会全体のコストを最小化できる。本稿ではデジタルインボイスの普及促進を目指すＥＩＰＡが見据える、デジタル化のあるべき姿を解説してもらった。

※9ページの参照URLはこちら

Peppol BIS Standard Invoice JP PINT
https://docs.peppol.eu/poac/jp/2024-Q2/pint-jp/

JP BIS Self Billing Invoice
https://docs.peppol.eu/poac/jp/2024-Q2/pint-jp-sb/

JP BIS Invoice for Non-tax Registered Businesses
https://docs.peppol.eu/poac/jp/2024-Q2/pint-jp-ntr/

デジタルインボイス推進協議会　代表幹事法人
株式会社TKC　代表取締役社長

飯塚真規 Masanori Iiduka

京都の会計事務所勤務を経て、株式会社ＴＫＣに入社(2002年)。開発、営業を経て2019年12月から現職。2020年７月に電子インボイス推進協議会に加盟。2023年に同協議会代表幹事に就任。

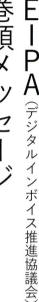

EIPA（エイパ）について

デジタルインボイス・システムの構築、標準仕様を実証、普及促進させることを目的として、2020年6月に設立。その後、2022年6月に名称変更。日本国内の事業者による協議会。商取引全体のデジタル化と生産性向上を後押しする。

団体名	デジタルインボイス推進協議会 （英語名称：E-Invoice Promotion Association）
設立日	2020年7月29日
所在地	東京都港区赤坂 1-3-6 赤坂グレースビル 4F （一般社団法人ソフトウェア協会内）
代表幹事法人	株式会社ＴＫＣ
幹事法人	株式会社インフォマート（広報部会所属） ウイングアーク１ｓｔ株式会社（開発支援部会、広報部会所属） 株式会社オービックビジネスコンサルタント（開発支援部会所属） 株式会社コンカー（広報部会所属） 株式会社ＴＫＣ（開発支援部会、広報部会所属） 株式会社マネーフォワード（開発支援部会、広報部会所属） 株式会社ミロク情報サービス（開発支援部会所属） 弥生株式会社（開発支援部会、広報部会所属） 株式会社ワークスアプリケーションズ（開発支援部会、広報部会所属） （法人名50音順、計9法人）
監事	水谷 学（公認会計士） 磯部 和郎（税理士）

ご挨拶

2022年4月1日に「電子計算機を使用して作成する国税関係帳簿書類の保存方法等の特例に関する法律（電子帳簿保存法）」が施行され、その後、2023年10月1日から複数税率に対応した消費税額の仕入税額控除の方式として、「適格請求書等保存方式（インボイス制度）」が開始されました。

また、これらの法律の改正と時を一にしてコロナ禍が到来。DX（デジタル・トランスフォーメーション）に対する社会の要請の高まりと政府が公表した「デジタル社会の実現に向けた重点計画」によって、多くの企業はDXまったなしという状況になっています。

今後、ますます「適格請求書」をはじめとする「国税関係書類」を電子化しようという風潮は強まっていくでしょう。デジタルインボイス推進協議会（EIPA：E-Invoice Promotion Association（以降、EIPAといいます））は、あらゆる取引がData to Dataでつながる、デジタル社会がいち早く到来するように、Peppol e-Invoiceの普及促進をとおして皆さまをご支援して参ります。

「容易」「低コスト」「グローバル」な仕組みで生産性向上を目指す

Peppol(ペポル)の仕組み

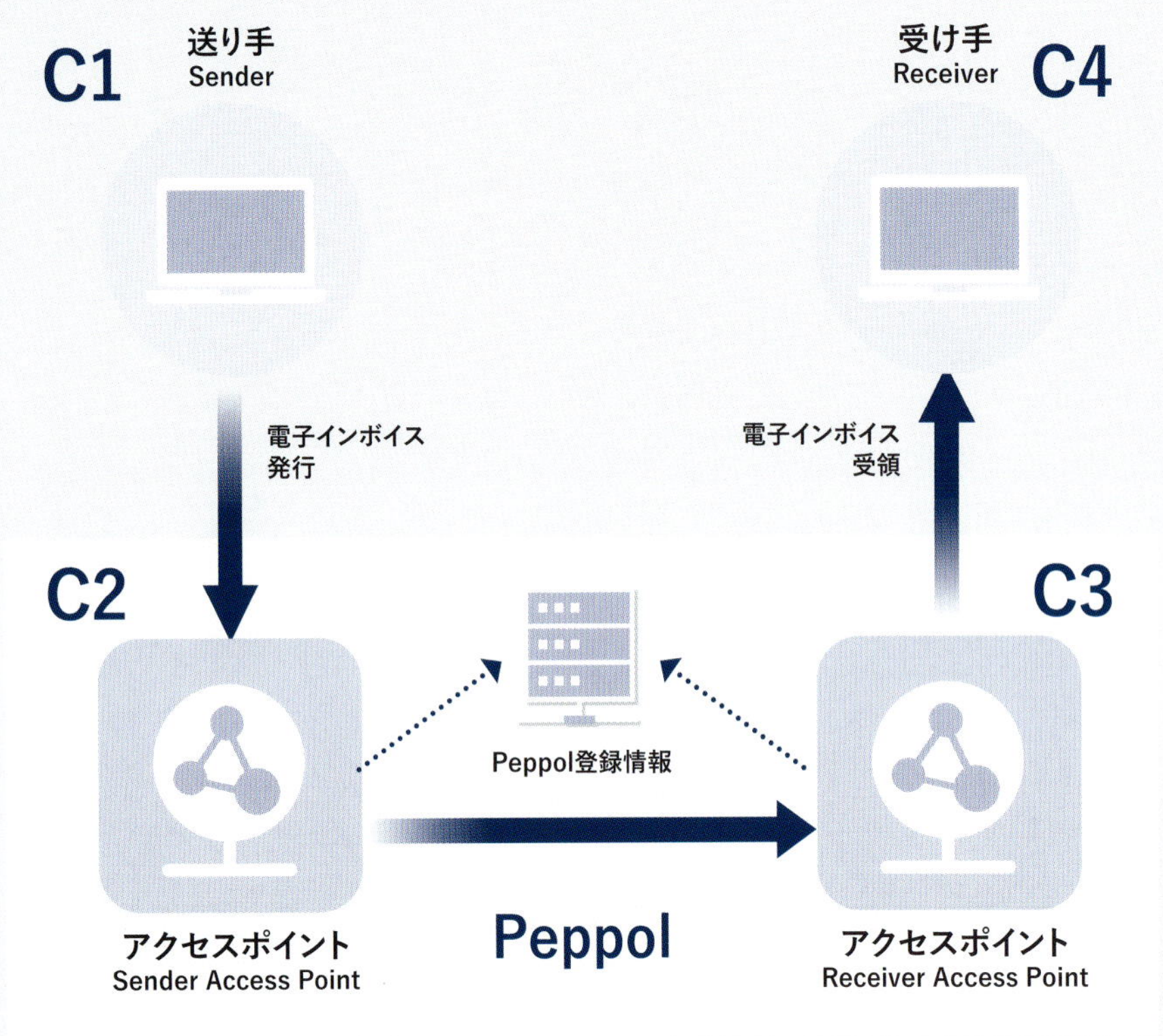

(出典) EIPA作成資料をもとに編集

デジタルインボイス推進協議会(E-Invoice Promotion Association)の設立

ＥＩＰＡの前進である「社会的システム・デジタル化研究会」は、２０２０年６月に「社会的システムのデジタル化による再構築に向けた提言」を公表し、２０２３年10月の適格請求書等保存方式の開始に際して、社会的コストの最小化を図るために、デジタルインボイスを前提として、デジタルで最適化された業務プロセスを構築すべきと提言しました。

その後、２０２０年７月に「社会的システム・デジタル化研究会」を母体として、ベンダー10社が集まり「電子インボイス推進協議会」を設立。デジタル庁が進めるデジタルインボイスの標準仕様の策定に対し民間の立場から支援して参りました。この標準仕様は、大企業から小規模事業者まで、幅広く利用できることが必要であり、またそれに対応した業務ソフトウェアや電子インボイスを送受信するための通信ネットワークが、それぞれの事業規模やニーズに見合ったコストで利用できるようにすることを目的としていました。

「電子インボイス推進協議会」は、その後順調に会員を増やしながら、行政機関と連携を取り、中小・小規模事業者から大企業に至るまで幅広く、容易に、かつ低コストで利用でき、加えてグローバルな取引にも対応できる仕組みとするために、準拠する標準規格として「Ｐｅｐｐｏｌ（ペポル）」を選定したうえで、日本の法令や商慣習などに対応した「日本標準仕様」を策定することを決定しました。

その後、令和４年６月１日をもって、「デジタルインボイス推進協議会」（英語名称：E-Invoice Promotion Association）に名称を変更しました。なお英文名称については、海外において「e-Invoice」が一般名称となっていることから、今までどおり「E-Invoice Promotion Association（ＥＩＰＡ）」を用いています。

本会は、標準化・全体最適化され、現行の制度・仕組みからの移行可能性に配慮されたデジタルインボイス・システムの構築・普及を通じて、商取引全体のデジタル化と生産性向上に貢献することを目指し、活動して参ります。

Peppol e-Invoice(ペポル イー インボイス)について

Ｐｅｐｐｏｌとは、請求書（インボイス）などの電子文書をネットワーク上でやりとりするための「文書仕様」「運用ルール」「ネットワーク」のグローバルな標準仕様であり、Open Peppol（ベルギーの国際的非営利組

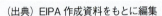

特別寄稿

EIPA（デジタルインボイス推進協議会）巻頭メッセージ

「電子化」では不十分 求められるのは〝プロセスのデジタル化〟

バックオフィス業務全体のデジタル化を実現する

現在、事業者のバックオフィス業務は、紙を前提としたやりとりが中心であり、多くのアナログな業務プロセスが存在しています。このような業務プロセスの一部について電子化やデジタル化を図っても、アナログとデジタルが混在する中途半端な状態となるだけで、効率化や生産性向上の範囲は一部の業務にとどまります。

また、電子化（Digitization）に取り組んでいる事業者においても、相手先との情報のやりとりについて効率化が図れるだけで、その後工程の業務では目検や手入力が必要となり、事業者には依然として多くの負担がかかります。

この状態を解消するためには、紙を前提とした業務プロセスを「電子化」するだけでは十分ではなく、デジタルを前提に業務プロセス自体を見直す「デジタル化」（Digitalization）が不可欠となります。ＥＩＰＡは、Peppol e-Invoiceの利活用・普及を通じ、事業者のバックオフィス業務全体の「デジタル化」を推し進めていきたいと考えます。

Peppol e-Invoiceの利活用により、請求から支払い、さらにはその後のプロセスである入金消込や会計・税務の業務についても、エンド・トゥ・エンドでデジタルデータを利用できます。さらに、このデジタルデータを自社の業績管理やマーケティングにも活用することにより、事業者のバックオフィス業務全体が効率化するだけではなく、新しい価値やベネフィットを獲得することも期待できます。さらに、請求に係るプロセスのデジタル化により、その前のプロセスである契約・受発注といったプロセスのデジタル化も促され、「取引全体のデジタル化」が進むことも期待されます。

織）がその管理などを行っています。現在、欧州各国のみならず、オーストラリア、ニュージーランドやシンガポールなどの欧州域外の国も含め30カ国以上で利用が進んでいます。

Ｐｅｐｐｏｌは「４コーナーモデル」と呼ばれるアーキテクチャを採用しています。ユーザー（売り手（Ｃ１））は、自らのアクセスポイント（Ｃ２）を通じ、Ｐｅｐｐｏｌネットワークに接続し、買い手のアクセスポイント（Ｃ３）にインボイスデータを送信し、それが買い手（Ｃ４）に届くという仕組みでＰｅｐｐｏｌユーザーは、アクセスポイントを経て、ネットワークに接続することで、Ｐｅｐｐｏｌネットワークに参加するすべてのユーザーとデジタルインボイスをやりとりすることができます。この仕組みは、例えば、メーラー（アプリケーション）からインターネットプロバイダーを介して相手先に届くという電子メールの仕組みに似ています。

なお、わが国のデジタルインボイスの標準仕様である「ＪＰ ＰＩＮＴ」は、売り手のアクセスポイント（Ｃ２）と買い手のアクセスポイント（Ｃ３）との間でやりとりされるデジタルインボイスの標準仕様です。現在、適格請求書（Peppol BIS Standard Invoice JP PINT Version 1.0.3）、仕入明細書（JP BIS Self Billing Invoice Version 1.0.1）および区分記載請求書（JP BIS Invoice for Non-tax Registered Businesses Version 1.0.1）の標準仕様がOpen Peppolのウェブサイトにて公開されており、今後、必要な更新などが行われていくこととなります。（※）

DX
Digital Transformation of Tax Administration

》特別寄稿

税務行政のデジタル・トランスフォーメーション

国税庁　長官官房
デジタル化・業務改革室

デジタル化が進む昨今、行政においても円滑な業務遂行のためのDXが推進されている。本稿では国税庁の視点から、税務行政の目指す未来を解説してもらった。

はじめに

昨今の我が国においては、競争力の確保や人手不足への対応の観点から、デジタル・トランスフォーメーション（DX）の必要性は広く認識されており、DXは社会全体の潮流になっています。

こうした中で、税務行政を取り巻く環境に目をやると、経済活動のデジタル化・国際化等の進展によって社会経済がより一層複雑化している一方で、国税当局が抱える人員や予算の規模は大きく変化しておらず、「納税者の自発的な納税義務の履行を適切かつ円滑に実現する」という使命を果たすためにも税務行政のDXの推進は「待ったなしの課題」となっています。

このため、時代に即した税務行政のあるべき姿（グランドデザイン）を描いた上で、デジタルを前提として、抜本的な業務改革（BPR）も是としながら個々の取組を着実かつ迅速に進めていかなければなりません。

国税庁では、こうしたグランドデザインの実現に向けて、意義のある税務行政のDXを推進していくこととしています。また、目指すべき方向性や取組内容を発信し、多くの方々と共有することによって取組を更に加速させる観点から、令和5年6月に「税務行政のデジタル・トランスフォーメーション－税務行政の将来像2・0－」（令和3年6月）を改定し、「将来像2023」として公表しています。

概要

「税務行政の将来像2023」で目指している方向性について、「納税者の利便性の向上」、「課税・徴収事務の効率化・高度化」、「事業者のデジタル化促進」の3つの柱を設けています。

まず、「納税者の利便性の向上」では、スマートフォン、タブレット、パソコンなどといった納税者の方が使い慣れたツールを使用して、簡単・便利に手続を行うことができる環境を構築するなど、納税者目線を徹底し、税務手続のあるべき姿である「あらゆる税務手続が税務署に行かずにできる社会」の実現を目指すこととしています。

「課税・徴収事務の効率化・高度化」では、業務においてデータを積極的に活用することを明確にしました。国税当局において

■ 税務行政のデジタル・トランスフォーメーション　－税務行政の将来像 2023－

◆税務手続のデジタル化や業務におけるデータの活用など、税務行政のデジタル・トランスフォーメーション（デジタルを活用した、国税に関する手続や業務の在り方の抜本的な見直し）に取り組みます。
◆事業者の業務のデジタル化を促進することにより、税務を起点とした社会全体のDXを推進します。
➡国税庁は、「適正・公平な課税・徴収の実現」に加え「社会全体のDX推進」の観点からも社会に貢献します。

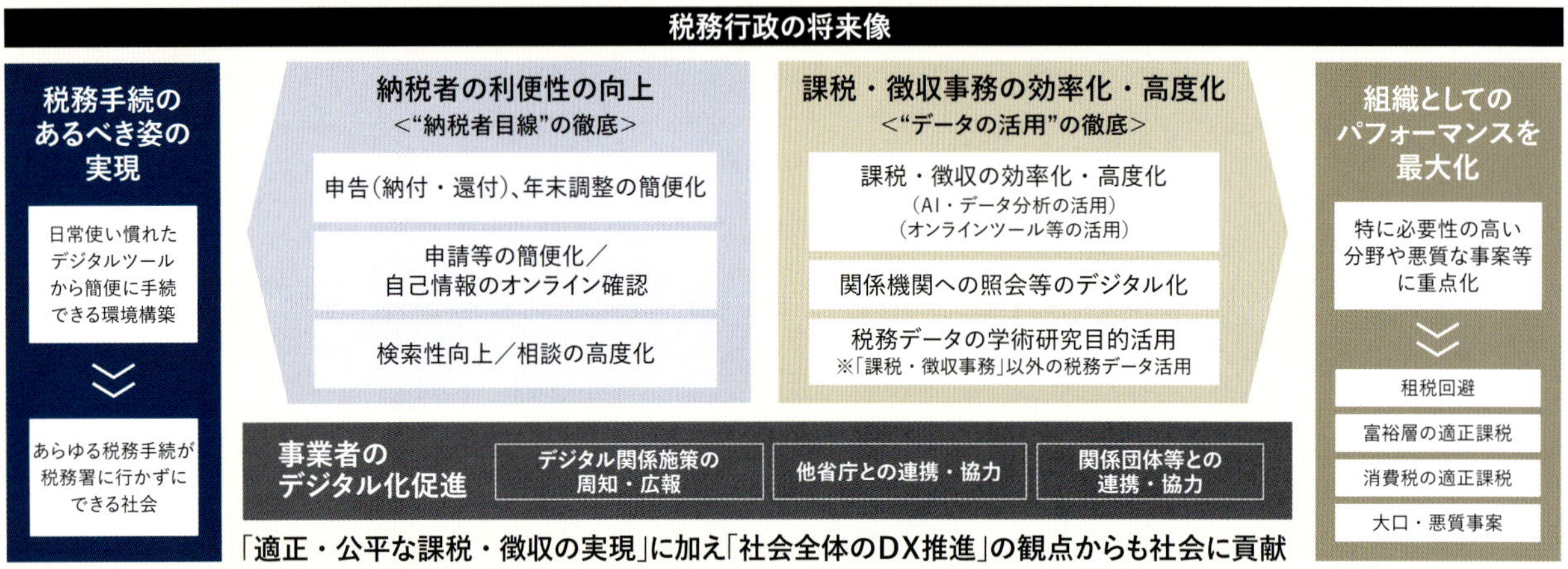
税務行政の将来像
税務手続のあるべき姿の実現
日常使い慣れたデジタルツールから簡便に手続できる環境構築
あらゆる税務手続が税務署に行かずにできる社会
納税者の利便性の向上
<"納税者目線"の徹底>
申告（納付・還付）、年末調整の簡便化
申請等の簡便化／自己情報のオンライン確認
検索性向上／相談の高度化
課税・徴収事務の効率化・高度化
<"データの活用"の徹底>
課税・徴収の効率化・高度化
（AI・データ分析の活用）
（オンラインツール等の活用）
関係機関への照会等のデジタル化
税務データの学術研究目的活用
※「課税・徴収事務」以外の税務データ活用
組織としてのパフォーマンスを最大化
特に必要性の高い分野や悪質な事案等に重点化
租税回避
富裕層の適正課税
消費税の適正課税
大口・悪質事案
事業者のデジタル化促進
デジタル関係施策の周知・広報
他省庁との連携・協力
関係団体等との連携・協力
「適正・公平な課税・徴収の実現」に加え「社会全体のDX推進」の観点からも社会に貢献

＊納税者情報の取扱いや情報セキュリティの確保にも万全を期す。
＊デジタルに不慣れな方も含めたあらゆる納税者に対して効率的で使い勝手の良いサービスを提供することを目指す。
＊将来像実現に向けて、「内部事務のセンター化」やシステムの高度化、人材育成等のインフラ整備にも取り組む。

※図表は「税務行政のデジタル・トランスフォーメーション －税務行政の将来像 2023－ 令和5年6月23日 国税庁」を加工

はAIやデータ分析、オンラインツール等を活用するほか、地方公共団体や金融機関等、他の機関への照会などもデジタル化を進め、業務を効率化していくことで、特に必要性の高い分野や悪質な調査・徴収事案等にマンパワーを重点的に配分することを可能とし、組織としてのパフォーマンス最大化を目指します。

最後に、「事業者のデジタル化促進」では、事業者に役立つデジタル関係施策の網羅的でわかりやすい周知・広報や、関係団体や関係省庁等とも連携・協力したデジタル化の機運醸成に向けて取り組むなど、事業者のデジタル化を促進する施策などに取り組んでいくこととしています。事業者にとっては、税務手続のみならず、その前工程である日頃の受発注や請求・支払、会計、税務といった一連の事務処理がデジタル化されることによって、事務処理の正確性の向上やバックオフィス業務の生産性の向上といった効果が期待できます。また、国税当局の側から見ても、税務手続のデジタル化が更に進展することや、軽微な誤りの是正に対して投下する行政リソースの削減など、様々なメリットが期待できると考えています。

このように、「税務行政の将来像2023」では、国税庁の本来の任務である「適正・公平な課税・徴収の実現」といった観点に加えて、「事業者のデジタル化促進」を通じて「社会全体のDX推進」の観点からも社会に貢献していくことを目指すこととしています。

書かない申告書の実現に向けて

「給与情報等の自動入力の実現」(申告手続の簡便化)

「納税者の利便性の向上」に関する取組の一つとして、「書かない申告書」(日本版記入済み申告書)の実現に向けた取組を紹介します。

確定申告を行う方は、これまで氏名や住所をはじめとして、金額等の様々なデータを自身で入力する必要がありました。こうした中で、納税者の利便性の向上を図るために、確定申告に必要なデータを入力することなく、自動的に申告データに取り込み、数回のクリックやタップで確定申告が完了する「書かない申告書」(日本版記入済み申告書)の実現を目指しています。

■ 給与情報等の自動入力の実現（申告手続の簡便化）

◆申告納税制度のもとで、確定申告に必要なデータ（給与や年金の収入金額、医療費の支払額など）を申告データに自動で取り込むことにより、数回のクリック・タップで申告が完了する仕組み（「日本版記入済み申告書」（書かない確定申告））の実現を目指します。

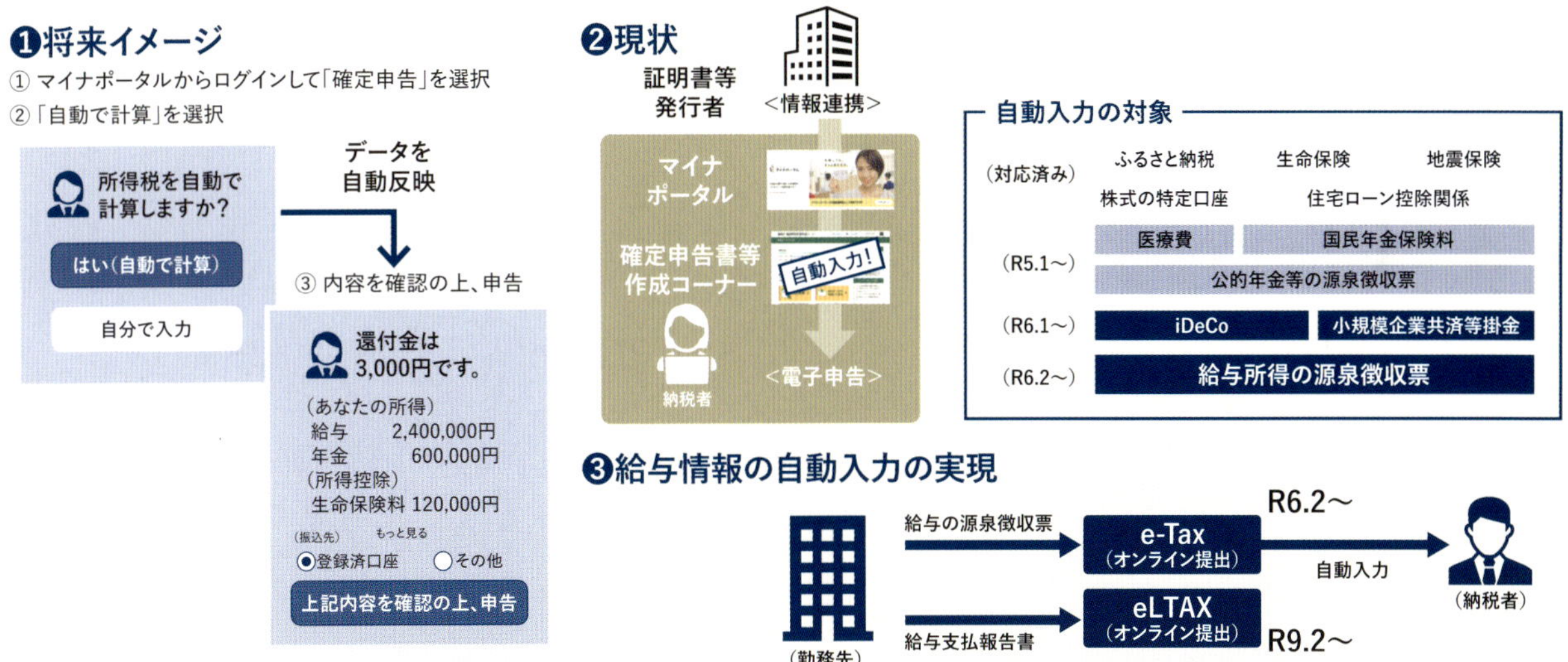

個々の項目や還付金振込口座の入力は不要
（振替納税を利用すれば納付も自動に）

(※)令和9年以降、地方公共団体に提出された給与支払報告書のデータが国(国税当局)に連携される(令和5年度税制改正)

確定申告書の作成における自動入力の対象データについては、これまでも公的年金等の源泉徴収票や医療費の支払額を対象とするなど、「書かない申告書」の実現に向けて順次対象を拡大してきたところですが、令和6年2月からは、オンラインで税務署に提出された給与所得の源泉徴収票に係る給与情報の自動入力を実現しました。

従来は控除証明書発行事業者や年金事務所などから、申告に必要な情報を提供するということを前提に自動入力の対象データを拡大してきました。他方で、今回の給与情報等の自動入力については、国税当局として適正な調査・徴収を目的として保有していた給与所得の源泉徴収票の情報を、利便性の向上を目的として納税者に還元する仕組みを採用しています。これは、課税・徴収の適正化のために保有していた情報を納税者の利便性に資する形で還元するという意味で、ある種のパラダイムシフトを伴っています。このように納税者の利便性をさらに向上させることを通じて、自発的なコンプライアンスの向上に繋げていくことが重要であると考えています。

AI・データ分析の活用

次にAI・データ分析についてご説明します。データは、課題先進国である日本の社会課題を解決する切り札と位置付けられています。税務行政においても、データの活用を前提として事務を効率化・高度化し、業務改革（BPR）にも取り組んでいくことが重要であると考えています。そのため、課税・徴収事務の効率化・高度化に向けて「データの活用の徹底」を掲げて、各種施策に取り組んでいくこととしています。

課税・徴収においては、AIも活用しながら幅広いデータを分析することにより、申告漏れの可能性が高い納税者の判定や、滞納者の状況に応じた対応方法の判別を行うなど、課税・徴収の効率化・高度化に取り組んでいます。

■ 課税・徴収事務の効率化・高度化等

◆データは、智恵・価値・競争力の源泉であるとともに、課題先進国である日本の社会課題を解決する切り札と位置付けられています。税務行政においても、データを活用して（データの活用を前提として）事務を効率化・高度化しつつ、BPRにも取り組んでいくことが重要であると考えています。

◆このため、課税や徴収の場面も含めて、業務に当たってはデータを積極的に活用するほか、オンラインツールについても積極的に活用します。地方公共団体や金融機関等、他の機関への照会等もデジタル化を進めることで、データによる情報のやり取りを拡大していきます。

◆なお、データの活用という観点では、税務データの学術研究目的の活用についても検討を進めています。

AI・データ分析の活用
- 申告漏れの可能性が高い納税者等の判定
- 滞納者ごとに接触できる可能性の高い接触方法の予測、架電履歴等を分析した応答予測

オンラインツール等の活用
- 税務調査における Web会議システムの活用
- e-Taxやオンラインストレージサービスを利用した帳簿書類のデータによる受け渡し

関係機関への照会等のデジタル化
- 国・地方間のデータ連携の対象範囲拡大
- 金融機関等に対する預貯金等のオンライン照会の拡大
- 外国税務当局との情報交換により得られるデータの活用、連携・協調の拡大・強化

税務データの学術研究目的活用
- 税務大学校との共同研究
- 匿名データの提供
- 会社標本調査の充実

DX
Digital Transformation of Tax Administration

■ AI・データ分析の活用

AIも活用しながら幅広いデータを分析することにより、申告漏れの可能性が高い納税者等の判定や、滞納者の状況に応じた対応の判別を行うなど、課税・徴収の効率化・高度化に取り組んでいきます。

①申告漏れの可能性が高い納税者等の判定

収集した様々なデータを、BAツール・プログラミング言語を用いて統計分析・機械学習等の手法により分析することで、申告漏れの可能性が高い納税者等を判定し、その分析結果を活用することで、効率的な調査・行政指導を実施し、調査必要度の高い納税者には深度ある調査を行う取組を進めています。

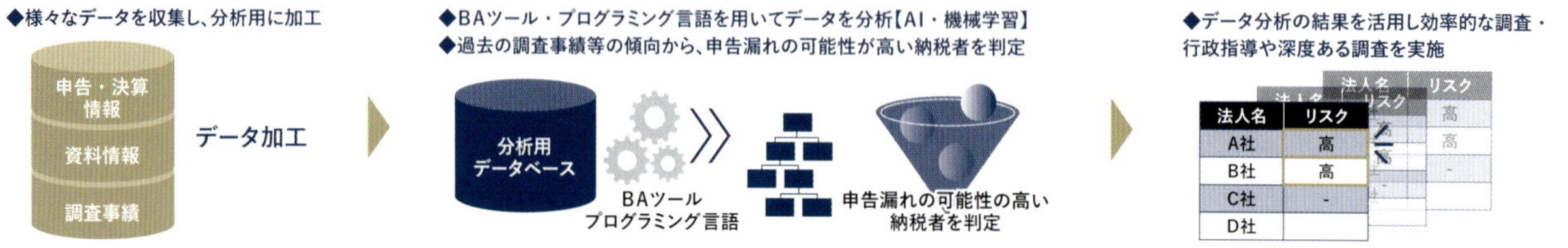

※BA（Business Analytics）ツール…蓄積された大量データから統計分析・機械学習等の高度な分析手法を用いて、法則性を発見し、将来の予測を行うツール

②滞納者への最適な接触方法等の予測

BAツール・プログラミング言語を用いて、滞納者の各種情報（過去の接触事績、申告書データ、業種等）を基に、滞納者ごとに接触できる可能性の高い方法（電話催告、臨場催告、文書催告）を予測し、効率的な滞納整理を実施します。

集中電話催告センター室においては、滞納者の情報（規模・業種等）や過去の架電履歴等を分析し、曜日・時間帯ごとの応答予測モデルを構築した上で、応答予測の観点を追加したコールリスト（AIコールリスト）に基づき架電する等により、応答率の向上を図ります。

例えば、課税の分野では、納税者本人から提供される申告・決算情報のほか、第三者から提供される資料情報、更には実際に税務調査を行った際の情報といった様々なデータを分析用に加工し、これらのデータを、BAツール（データを活用して将来予測を行うITツール）やプログラミング言語を用いて統計分析・機械学習の手法により分析し、申告漏れの可能性が高い納税者の判定を行っています。その分析結果に基づき、効率的な調査・行政指導を実施し、調査必要度の高い納税者に対して深度ある調査を実施する取組を進めています。

事業者のデジタル化促進

事業者における企業間取引のデジタル完結を促進することは、政府全体として取り組むべき重要な課題の一つとされています（「デジタル社会の実現に向けた重点計画」（令和6年6月21日閣議決定））。こうしたことも踏まえながら、国税当局も政府の一員として、税務手続だけでなく事業者の取引等のデジタル化の促進に取り組んでいく必要があります。

■ 事業者の業務のデジタル化（概念図）

税務手続のデジタル化と併せて、経済取引や業務もデジタル化することにより、事業者が日頃行う事務処理の一貫したデジタル処理が可能となり、単純誤りの防止による正確性の向上や事務の効率化による生産性の向上等といったメリットを享受できるものと考えられます。

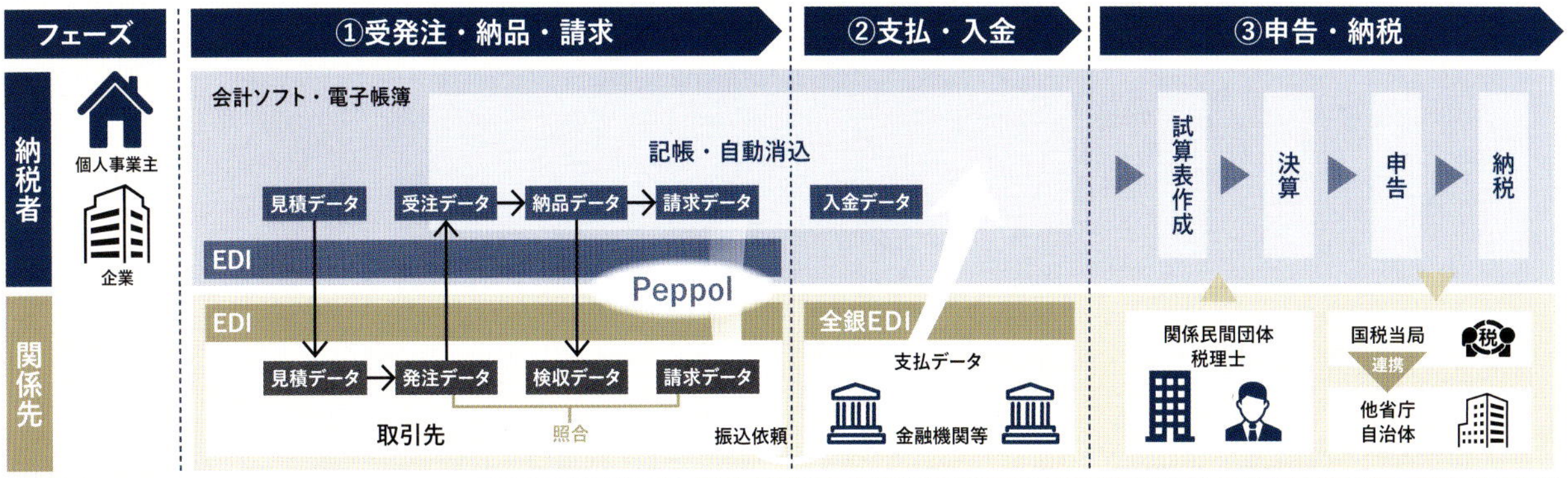

各フェーズの施策	①受発注・納品・請求／②支払・入金	③申告・納税
	・デジタルインボイス（インボイス制度）	・e-Tax（自宅からのe-Tax・完全e-Tax） ・マイナポータル連携（給与の源泉徴収票含む） ・クラウドサービス等を利用した法定調書の提出 ・キャッシュレス納付・納税情報の添付自動化 ・公金受取口座の登録・利用 ・国・地方のデータ連携
	【共通】電子帳簿保存制度、IT導入補助金	

（その他事業者のデジタル化促進のための施策）
・マイページで自己情報の確認、タックスアンサー、チャットボット、年末調整の電子化、マイナンバーカード取得促進

経済取引と業務がデジタル化され、税務処理も含めて一貫して効率的にデジタル処理できる環境が構築されることにより、税務手続の正確性の向上やデジタル化が進捗するのみならず、事業者において、単純誤りの防止による正確性の向上や事務の効率化による生産性の向上等といった、大きなメリットが期待されます。こうしたことに加え、取引相手などの他の事業者のデジタル化も促され税務手続や業務も更なるデジタル化が進むという、〝デジタル化の推進が更なるデジタル化につながる好循環〟を生み出すことで、社会全体のDX推進につながり、社会全体にデジタル化のメリットが波及することが期待されます。

さらには、事業者の行う取引がデジタル化されれば、取引を行う事業者相互の業務がデジタル化されるだけでなく、こうした事業者に関与している税理士や会計事務所の業務においても、請求書等の確認業務や帳簿への入力業務が削減されるといった効果が及ぶことも考えられます。また、デジタル化された請求書などに関連したＦｉｎＴｅｃｈなどの形で新たなサービスの創出につながるかもしれません。

このように、事業者のデジタル化による波及効果は非常に大きいのではないかと考えていますが、その中で大きな役割を担うのがＪＰ ＰＩＮＴに準拠したデジタルインボイスであると考えています。国税庁としても、これに対応したツールなどの普及や活用を通じて事業者のデジタル化を促進していき、ひいては社会全体のデジタル化にも貢献していきたいと考えています。

おわりに

こうした流れは、国際的な潮流でもあります。例えば、ＯＥＣＤが２０２０年に公表した「税務行政３．０」（OECD, Tax Administration 3.0）においては、税務行政のDXが進んだ社会の姿として、税に関する手続が納税者の日常の生活や業務の延長線上に組み込まれていくとの構想が描かれています。

国税庁としては、こうした諸外国の方針なども参考としつつ、納税者や税理士の皆様をはじめ、税務に関連する多くのプレイヤーの声をお伺いしながら、デジタルの利点を最大限活かし、「適正・公平な課税・徴収の実現」という使命を果たしていきたいと考えています。

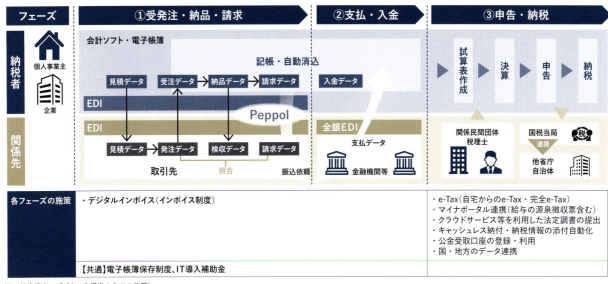

ICE
NESS”
SSES!

デジタル庁国民向けサービスグループ企画官
加藤博之 Hiroyuki Kato

東京大学卒。財務省（主税局、主計局）、国税庁等での勤務を経て、現職。
財務省主税局では、消費税制度全般を担当し、税率引き上げ・軽減税率制度、適格請求書等保存方式の詳細を設計。2020年9月に内閣官房IT総合戦略室（当時）へ異動し、デジタル庁発足当初（2021年9月）より、Japan Peppol Authorityの責任者。PINT（Peppol International Model for Billing）策定も担い、現在、Peppol e-invoiceの定着のため国内外で活動。

特別寄稿

日本のPeppol Authorityからのメッセージ

「売り手」と「買い手」がデジタルによって結ばれ始める

はじめに

日本の事業者のバックオフィス業務の「電子化（Digitization）」はある程度進んでいます。その業務の多くは、パソコンやITツールにより行われ、処理されています。例えば、請求業務・処理においても、請求書の画像データを電子メールに添付してやり取りすることは一般化し、いわゆる「印刷」「三つ折り」「封入・投函」といった「紙」の請求書に不可欠であったマニュアル作業はだいぶ減っているといわれています。

しかしながら、その「電子化」は、請求を行う側（「売り手」側）の業務プロセスの効率化には大きく貢献したものの、請求を受ける側（「買い手側」）の効率化にはあまり貢献していません。とりわけ、前述の「請求書の画像データ」は、それ自体はITツールで作られた電磁的記録（データ）ではあるものの、その処理は「紙」の請求書同様、必要な情報をマニュアルでシステムに入力することが求められ、残念ながら請求を受ける側の作業負担軽減には至りませんでした。ようするに、「デジタル化（Digitalization）」には至っていないということになります。

そして、コロナ禍において出社が制限されると、その負担「感」はより大きなものとなり、いつしか「電子化ではバックオフィス業務は『楽（らく）』にはならなかった」という認識が広がり、請求業務・処理においても「デジタル化（Digitalization）」を求める声が大きくなりました。

そのような「声」に応えるべく始まったのが「デジタルインボイス」の取り組みです。2023年7月、デジタル庁は、日本のデジタルインボイスの標準仕様である「JP PINT」を正式にリリースしました。それから1年以上が経過した今、「売り手」と「買い手」という「点」がPeppol e-invoiceという「線」によってようやく結ばれ始め、請求業務・処理においても「デジタル化（Digitalization）」が始まろうとしています。

「電子インボイス」と「デジタルインボイス」

そもそも「デジタルインボイス」とは何か。端的にいえば、「請求に係る情報を、売り手のシステムから、買い手のシステムに対し、人を介することなく、直接データ連携し、自動処理される仕組み」です。ようするに、「売り手」と「買い手」の間での電磁的記録（データ）のやり取りにとどまらず、それが（「買い手」の）システムにより自動処理されることに意義があります。

そして、そのためには、請求に係る情報のデータは、システム間の差異を問わず自動処理が可能となるよう、「標準化された構造化データ」でなければなりません。人（ヒト）によるマニュアル作業を前提とした非標準化・非構造化データである「電子インボイス」との決定的な違いはそこにあります。

「デジタルインボイス」とPeppol

ときに「デジタルインボイス」と「Peppol e-invoice」の関係を問われることがあります。端的にいえば、Peppol e-invoiceは「デジタルインボイス」のコンセプトを体現するリアルなものです。そもそもPeppolは、電子文書をネットワーク上でやり取りするための「文書仕様」「ネットワーク」「運用ルール」に関するグローバルな標準仕様です。したがって、Peppolは、「デジタルインボイス」を実現する

PEPPOL E-INVO
BRINGS
TO ALL BUSINE

Peppol e-invoiceの利活用による変化（イメージ）

デジタルインボイス（Peppol e-invoice）とは、請求情報（請求に係る情報）を、売り手のシステムから、買い手のシステムに対し、人を介することなく、直接データ連係し、「自動処理」される仕組み。その際、売り手・買い手のシステムの差異は問わない。

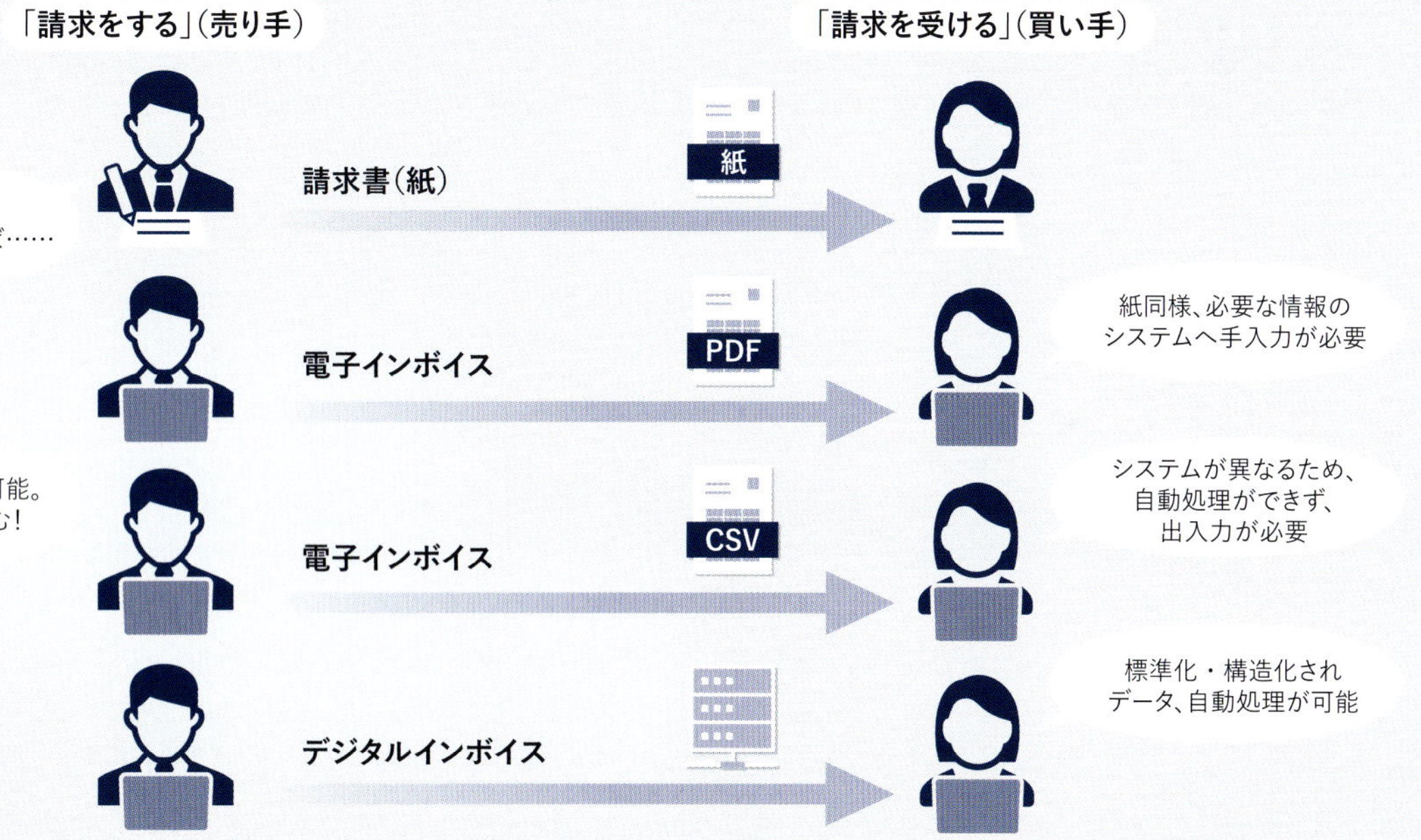

（出典）デジタル庁作成資料

るための「材料」となり得ます。その「材料」を用いて作られたインボイスの自動処理の仕組みが「Peppol e-invoice」となります。

もちろん、Peppol以外の仕様であっても「デジタルインボイス」を実現するための「材料」はあり得ます。しかしながら、「構造化データ」という要件はクリアできても、「標準化」という要件を満たすものはそう多くないようです。そのうえで、クロスボーダー取引においてもInteroperability（相互互換性）を確保できるグローバルな標準仕様となると、なかなかないようです。その点は例えば、経済枠組みの外交交渉における「electronic invoice」の議論が「Peppol e-invoice」をベースに行われている現状にも表れているといえます。

Peppol e-invoiceがもたらす「効率化」というベネフィット

前述のとおり、Peppol e-invoiceは、システムとシステムのコミュニケーションです。そのコミュニケーションは、請求の情報をデータでやり取りするということだけではなく、その自動処理までを含めたものです。その結果、それまでは人が担ってきた作業の一部がシステムにより自動処理されるようになり、例えば、複雑な判断を必要としない単純作業の多くは、システムにより完結され、人がそのために費やしてきた時間は相当削減される（＝「効率化」）こととなります。Peppol e-invoiceの利用で、「売り手」と「買い手」の双方において請求業務・処理が「楽（らく）」になるということです。

「効率化」の先にある"Happiness"を考える

Peppol e-invoiceがもたらすベネフィットは「効率化」だけではありません。むしろ、「効率化」は「大前提」であり、その先にある"Happiness"をいかにして実現するか、それが重要なポイントとなります。そして、それこそがPeppol e-invoiceを用いた「DX（デジタルトランスフォーメーション）」の本質でもあります。

前述の例であれば、システムが人に代わって単純作業を担う結果、人はシステムが処理した結果の確認に注力することが可能となります。その確認をより効果的・効率的に行うためには、それまでのマニュアル作業をベースとした業務プロセスを見直す必要があります。また、より複雑な作業をシステムが適正に行うことができるよう、システムを「育てる」といった、人が担うべき新たな役割が生まれます。人がマニュアル作業のなかで蓄積してきた

り得ず、主役を輝かせる『脇役』」

紙の請求書からデジタルインボイス(Peppol e-invoice)へ

紙の請求書 → 電子インボイス → デジタルインボイス（Peppol e-invoice）

非標準仕様　非構造化データ　非標準仕様　非構造化データ　非標準仕様　構造化データ　標準仕様　構造化データ

・請求書の印刷（紙の請求書）
・印刷された請求の輸送

・紙の請求書のスキャン
・スキャンデータの自動処理

・構造化データの送受信
・ただし、システムの差異により自動処理が困難

・標準化された構造化データの送受信
・システムの差異を問わず、自動処理が可能

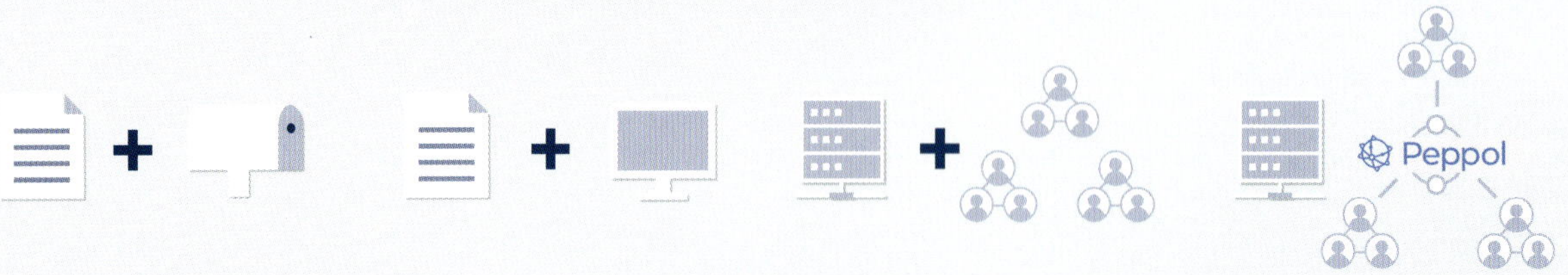

（出典）デジタル庁作成資料

経験やノウハウをAIに学習させていく、そんな「新たな」業務を担う人材（「IT人材」ではなく）の必要性も高まると思います。

また、Peppol e-invoiceに含まれる情報の活用も重要になります。Peppol e-invoiceには請求に係る情報が含まれています。そして、その請求に係る情報は、取引当事者のリアルな事業活動を反映している貴重な情報です。「紙」の請求書では、その貴重な情報を十分に生かしきれていない現実がありました。そのような貴重かつ膨大な情報をシステムにより瞬時に処理し、経営分析・判断に用いることができるかたちに変換していくことで、経営のリアルタイム化が実現します。さらに、その貴重な情報を金融機関などのシステムと連携することで、自らの信用を高めることにも活用でき、融資条件の優遇など新たなベネフィットを生み出すきっかけにもなり得ます。

さらに、グローバルに見たとき、現在、Peppol e-invoiceのツールとほかのデジタルツールとの連携が活発化しています。例えば、「安全性」や「産地」の証明が求められる食品の取引において、ブロックチェーンを用いて管理しているそれらの商品情報の一部をPeppol e-invoiceのツールにも連携させることで、サプライチェーンのなかで求められる必要な情報と請求の情報

PEPPOL E-INVOICE BRINGS TO ALL BUSINESSES!

「Peppol e-invoiceは『主役』足

を一体として、「売り手」「買い手」そして「消費者」にまで連携させるような仕組みです。そもそもデジタルツールのコンビネーションは「当たり前のこと」のように思いますが、これまであまり進んでいなかった話です。それが、このタイミングで急速に動き出した理由には、欧州各国を中心に「B2B取引でのe-invoiceの義務化」の方針が打ち出されていることが背景にあるかもしれません。

Peppol e-invoiceが"natural choice"になる日

今の日本の状況を冷静に見たとき、残念ながら「Peppol e-invoiceが定着している」と評価することは難しいで

Peppol e-invoiceを活用した「自動処理」とは?

Peppol e-invoiceを活用した「自動処理」の恩恵は、「買い手」の変化にとどまらない。例えば、「売り手」は、自らが提供した請求に係る情報を入金情報と結びついたデータを受領することで、入金消込の自動化も実現可能。

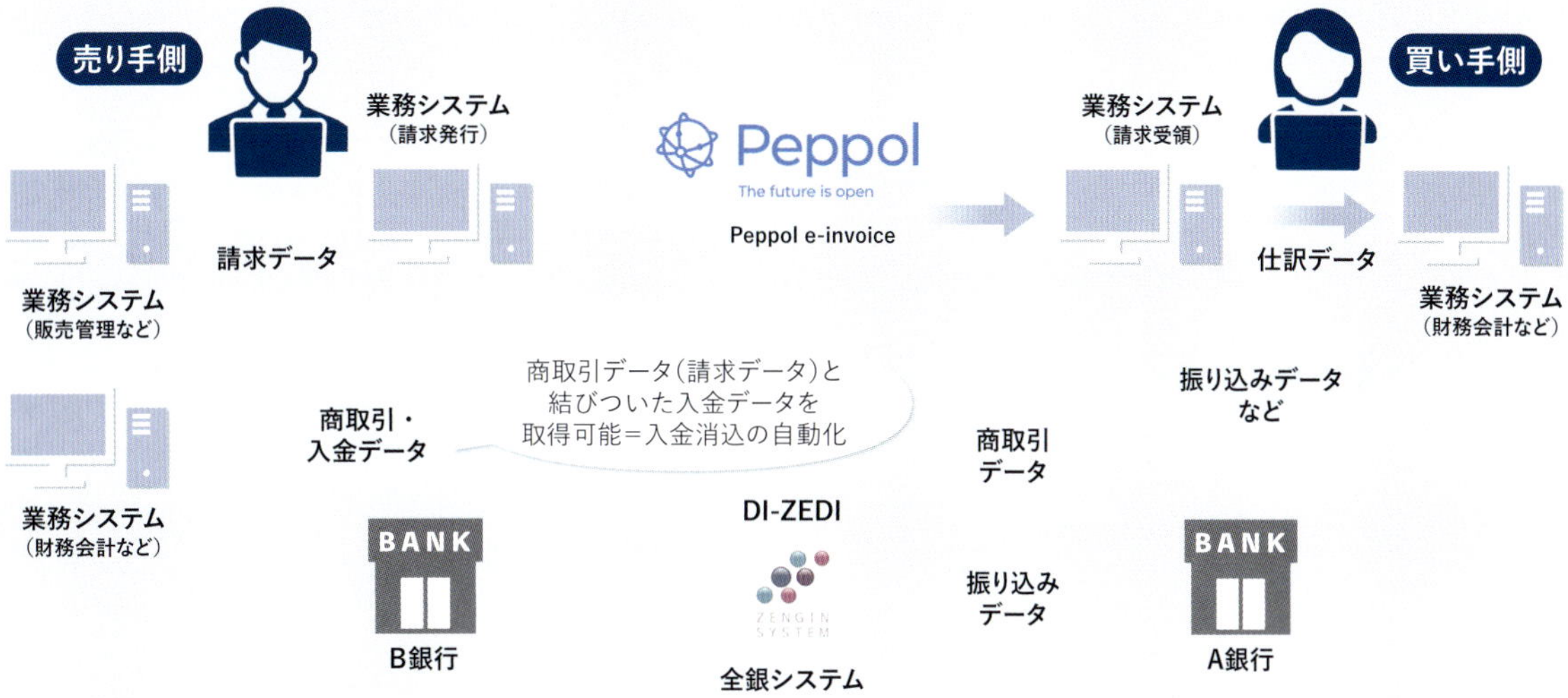

（出典）デジタル庁作成資料

す。それは、「Peppol e-invoiceがやり取りされていない」という定量的な話ではありません。冒頭で言及したとおりPeppol e-invoiceのやり取りはもはや「リアル」です。では、なぜ「定着」といえないのか。それは、今のところPeppol e-invoiceが"natural choice"にはなっていないからです。

では、「Peppol e-invoiceが"natural choice"になる」ということはどういうことか。その答えは簡単です。「Peppolとは何か」「デジタルインボイスとは何か」といったようなことを意識せずして、Peppol e-invoiceがやり取りされるような状況だと考えています。

前述のとおり「効率化」の先の"Happiness"を実現させる場面において、Peppol e-invoiceは「主役」足り得ず、「主役」を輝かせる「Supporting Actor/Actress（脇役）」でしかありません。ユーザーである事業者の意識は「主役」に集中し、その「脇役」の存在（自らがPeppol e-invoiceを利用していること）には及んでいないかもしれません。Peppol e-invoiceの定着という意味では、それが「理想的な状況（＝定着を実現した状況）」なのかもしれません。「JP PINT」の生みの親として、そのような理想的な状況に到達する日が来ることを、今は静かに待ちたいと思います。

イチからわかる業務の潮流の基本と最新事情

請求業務が変わる

Before

紙でもPDFでも
内容の照合が必要

確認や整理に
手間がかかる

基礎知識から
導入方法まで
完全網羅

図解や事例で

PART 1

請求新

請求書の電子化は一般化しているが、今後は単なる電子化にとどまらず、統一規格によってさらなる業務効率化を果たす「デジタルインボイス」がスタンダードになる見通しだ。PART1では、普及の現在地から展望まで解説する。

デジタルインボイス

「電子化」しただけじゃない

デジタルインボイスって？

標準化&構造化された請求データ！

デジタル化、自動化で業務の負担が激減！

送受信環境はすでに整っている！

After
統一規格だからチェックもあっという間！

確認も送受信もラクチン！

初心者ですが教えてください…！

デジタルインボイスってなんですか？

デジタルインボイスに関心はあるけど理解はこれから、という人に向けて、その仕組みからよくある疑問までやさしく解説します。

LESSON 01
what is DIGITAL INVOICE?

デジタルインボイスって具体的に何？

請求業務の激減につながる仕組みのこと！

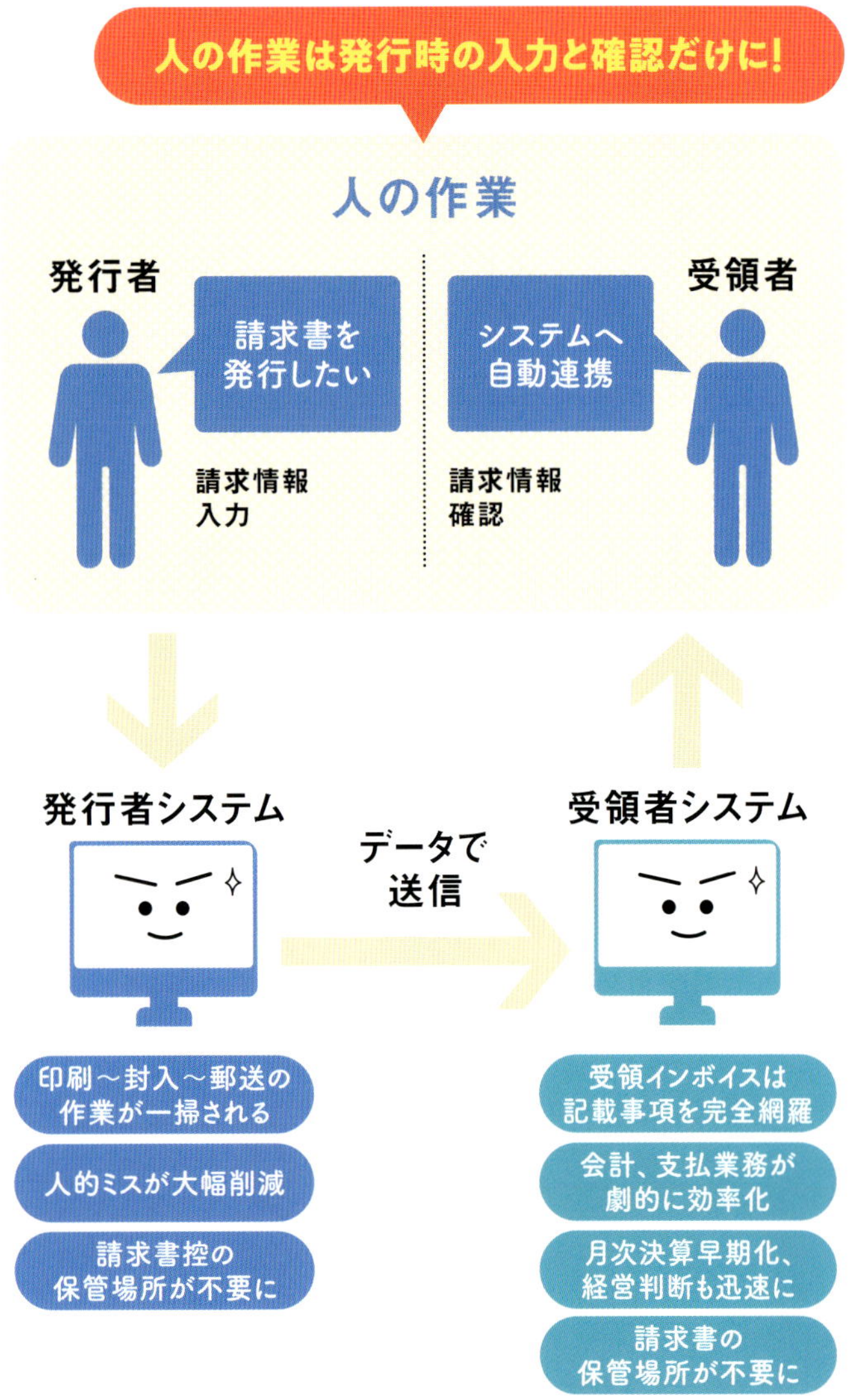

デジタルインボイスなら、発行者・受領者ともに請求作業が大幅に効率化。保管場所の課題解決やタイムリーな経営判断にもつながります。

教えてくれた人

利用するために難しい知識は必要ありません

弥生株式会社
経営企画本部 政策渉外部
担当マネジャー
岡部毅氏

経理業務の手入力が激減する仕組みです

ウイングアーク1st株式会社
執行役員 Business Document
事業部長
崎本高広氏

弥生株式会社・ウイングアーク1st株式会社はEIPA幹事法人で日本における認定Peppol Service Providerです。

効率化の理由は請求書の「保存データ形式」にアリ!!

◎請求書の分類

インボイス(適格請求書)
売手が、買手に対し正確な適用税率や消費税額等を伝えるための手段(※)

電子インボイス
PDFなどの電子データで保存された適格請求書

デジタルインボイス
標準化・構造化された電子インボイス

Peppol e-invoice
Peppolネットワークを通じてやりとりされる、標準化・構造化された電子インボイス

保存データをそのまま使用します

ウイングアーク1st
崎本高広氏

単なるPDFではなく受領側システムで自動処理が可能

※適格請求書として認められるためには、一定の記載事項をすべて記載する必要がある

電子データで保存したインボイス(適格請求書)を電子インボイスと呼びます。電子インボイスのデータを受領側(取引の相手側)のシステムで扱いやすいよう、標準化・構造化したのがデジタルインボイスです。デジタルインボイスに対応したシステム間では、電子データを直接やり取りできます。

ココもCHECK!

「標準化」&「構造化」で請求データを直接やり取り

項目の統一 = 標準化

請求書A 請求書B 請求書C
A あ a
書式がバラバラ

標準化!

請求書A 請求書B 請求書C
あ あ あ
書式がそろった!

コンピューターによるデータの保存・取得・処理などが可能な形式に = 構造化

独自の保存ルール

請求書
2024年10月1日
10000円
A社
税研太郎より

構造化!

保存形式を統一!

請求書件名	経理業務8月分
発行日	2024年8月31日
登録番号	T1234567890123
請求元	税研太郎
支払期日	10月31日
振込先	一二三銀行 四五支店
口座番号	1234567

煩雑な請求業務はすべてシステムが代行

デジタルインボイスはバックオフィス業務の大半を占める請求書の発行・受領を、劇的に効率化する仕組みです。対応システムを介して請求書を送受信するだけで、適格請求書の要件チェックや請求データの会計システムへの反映、入金処理などの煩雑な請求業務が自動的に実行されます。

おさらいとはなりますが、「インボイス」とは適格請求書の要件を満たした請求書を指します。このうち、PDFなどの電子データで保存された「電子インボイス」は、項目や保存形式が企業ごとに異なるために会計ソフトなどへの反映を人の手で行う必要がありました。

「デジタルインボイス」ではこの仕様を統一。システム間で直接のデータ連携や自動処理が可能になるため、人の業務を大幅に減らせます。

デジタルインボイスのメリットとは？

デジタル化や自動化で経理の負荷を軽減

メリット 1 書類の印刷やPDFの入出力が不要に！

送信側の工数		受領側の工数
印刷 ▶ 封筒に封入 ▶ 宛名を入力 ▶ 発送	紙の場合	開封 ▶ 確認 ▶ 入力(OCR) ▶ 保存
PDFに出力 ▶ メールで発送	電子インボイス(PDF)の場合	開封 ▶ 確認 ▶ 入力(OCR) ▶ 保存 ▶ メール返礼
経理システムで発送	デジタルインボイスの場合	経理システムで受領

工数減！

◎送信時に省略できる作業

- 専用IDを使うので、送信先の管理が簡単
- ヒューマンエラーがなくなるので、書面の確認や問い合わせ対応が不要
- 請求書をメールで送る操作が不要

◎受領時に省略できる作業

- 専用ID宛てに届いた請求書を統一管理できる
- PDFのOCRスキャンや請求書情報の入力が不要
- メールの返礼が不要
- 担当者の転記漏れ、タイプミスが減る

PDFの送受信より圧倒的に工数を短縮！

デジタルインボイス導入のメリットの1つが、**請求書の発行／受領に関わる作業工数の削減**です。

紙のインボイスからPDFなどの電子インボイスに変わった際、経理担当者は請求書の印刷・郵送・受領、原本や写しをバインダーなどに保管する手間から解放されました。一方、請求データの入力やOCR（光学的文字認識）で読み取った内容の正誤

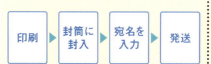

メリット2 請求書の抜け漏れチェックを自動化！

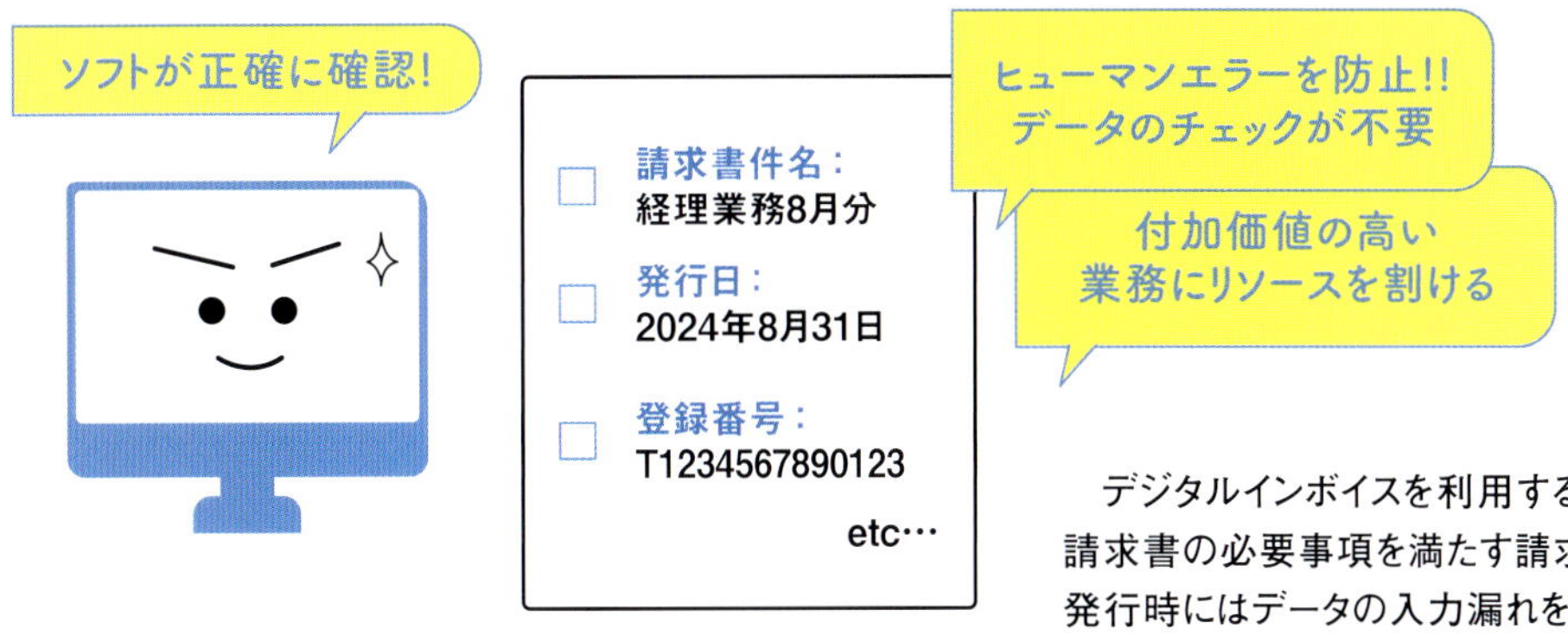
ソフトが正確に確認！
請求書件名：
経理業務8月分
発行日：
2024年8月31日
登録番号：
T1234567890123
etc…
ヒューマンエラーを防止!!
データのチェックが不要
付加価値の高い
業務にリソースを割ける

記入内容を
ソフトが保存時に
チェックします

弥生
岡部毅氏

デジタルインボイスを利用する際には、請求書作成ソフトが適格請求書の必要事項を満たす請求データしか発行しません。そのため、発行時にはデータの入力漏れを防ぐことができ、受領時には「要件を満たしているか?」のチェックが不要となります。

メリット3 対応しているシステムならなんでもOK

システムA
送受信が
可能
システムB
請求データを
直接ソフトに
自動取込み！

請求書を発行する際に、デジタルインボイス（Peppol e-invoice）では請求データがすべて同じ書式で作成されるため、ソフトの違いを問わずに、あらゆる請求書管理システムで受領。そのまま、データを読み込むことができます。

メリット4 データの二次利用もカンタンに

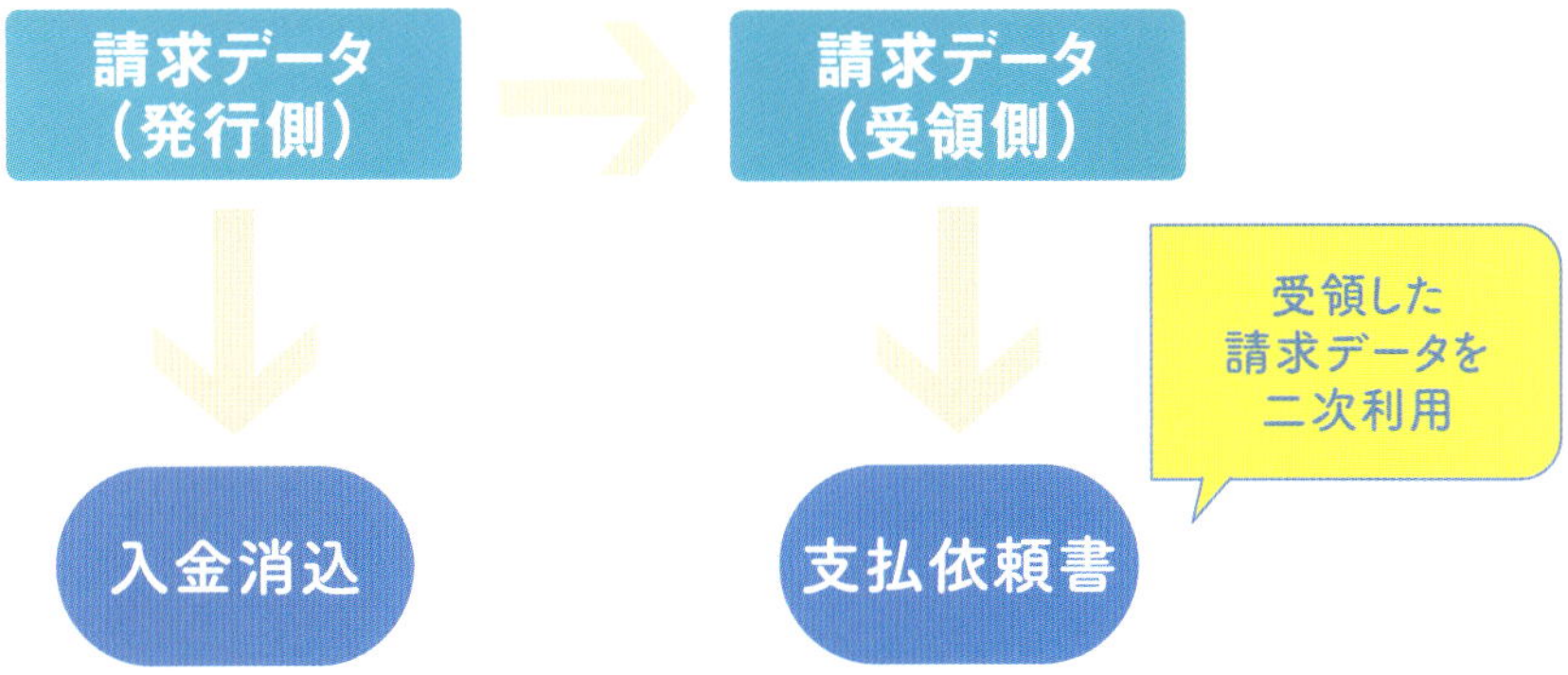
請求データ
（発行側）
請求データ
（受領側）
受領した
請求データを
二次利用
入金消込
支払依頼書

請求データの書式が標準化されることで、請求書作成／管理システム間だけでなく、あらゆる業務システムとの連携が容易になります。例えば、発行側では入金消込、受領側では支払準備などの業務にデータを二次利用することで、「入力作業を省略する」といった作業の効率化が期待されています。

チェックなどは人力が主流です。デジタルインボイスなら、これらの作業も自動処理できるようになります。

２つ目はシステムでのチェックによるヒューマンエラーの防止です。デジタルインボイスでは送信時に、適格請求書の必要事項をシステム上で検証します。送信側も受信側も、記載事項漏れを防げ、書類不備による再発行の手間も大幅に軽減されます。

３つ目は利用システムを選ばない点です。デジタルインボイスは仕様が統一されているため、異なる請求システム同士でも、デジタルインボイスに対応していれば、直接データをやりとり可能です。

４つ目はデータの二次利用が簡単なこと。デジタルインボイスは、さまざまな業務システムとの連携が期待されています。例えば、請求書を受領するだけで、連携した業務システムによる支払準備（決済準備）につなげることもできるでしょう。

LESSON 03
what is DIGITAL INVOICE?

Peppol（ペポル）って何ですか？

Peppolはデジタルインボイスの「国際ルール」

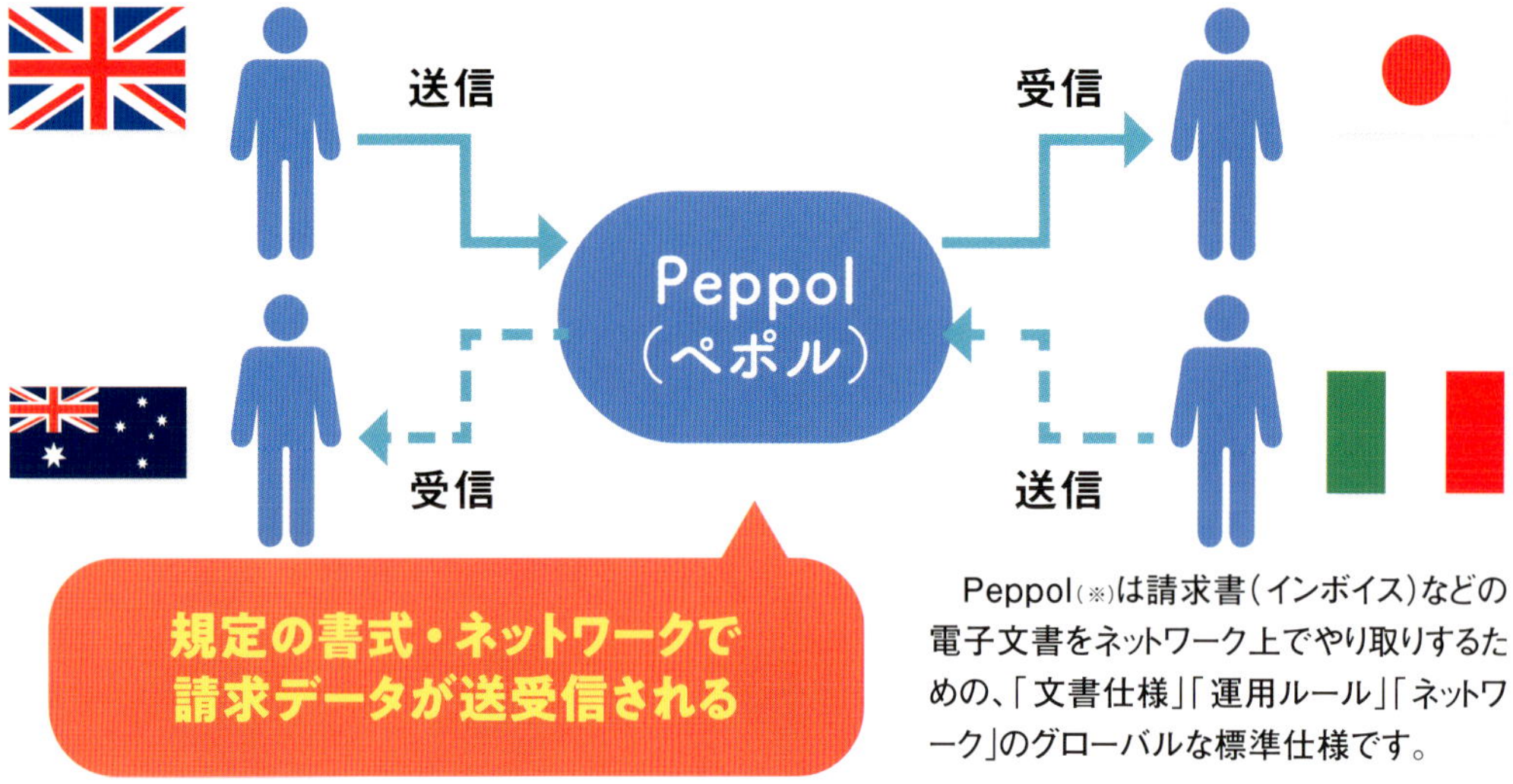

Peppol（※）は請求書（インボイス）などの電子文書をネットワーク上でやり取りするための、「文書仕様」「運用ルール」「ネットワーク」のグローバルな標準仕様です。

※Pan European Public Procurement Onlineの略称

請求データはPeppol IDを利用して送受信される

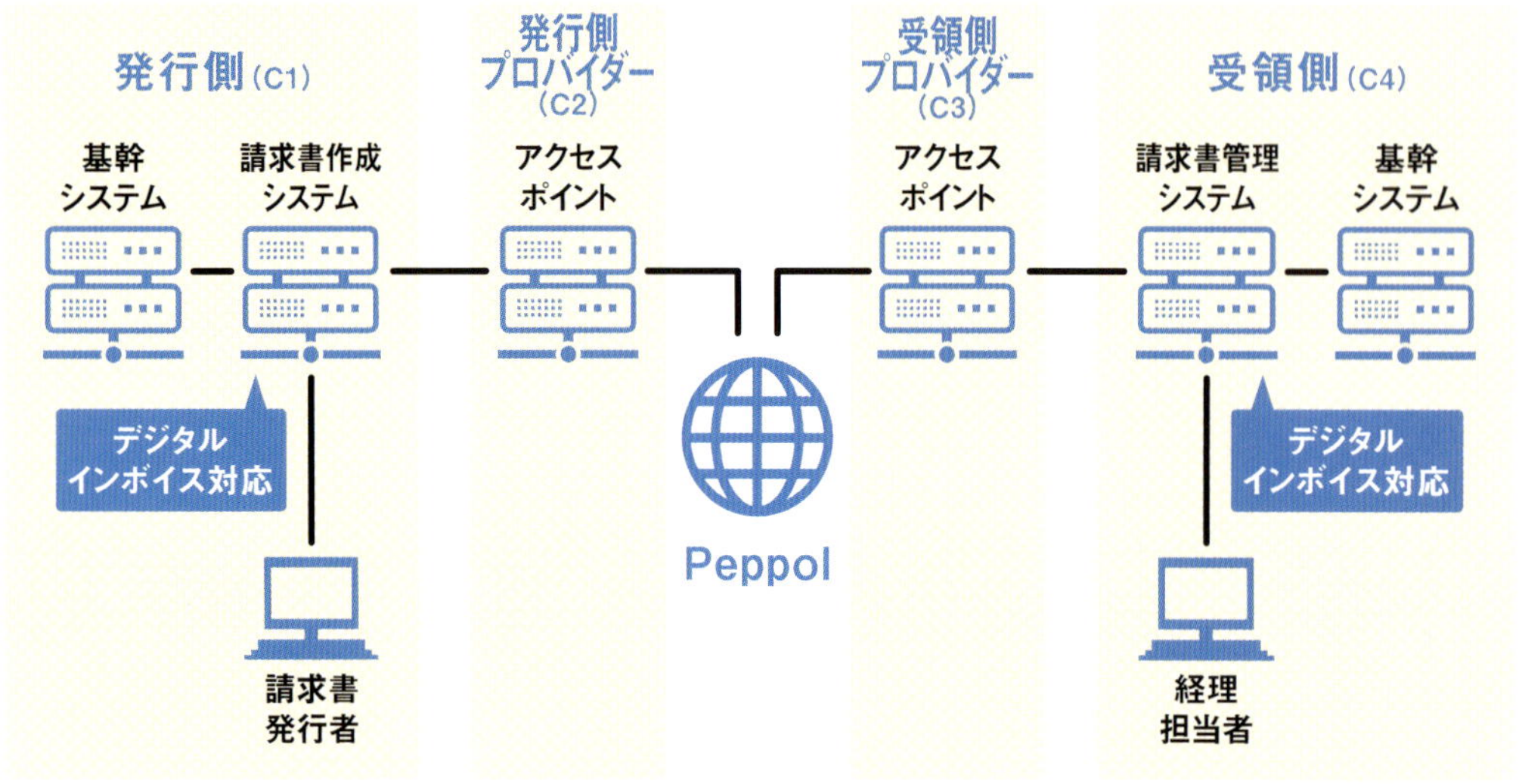

01 発行側

Peppol ID（宛先）を指定して、請求書を送信

発行側は請求書作成システムに請求データを入力。利用しているプロバイダーに、システムが請求データを送信します。

02 プロバイダー

発行側／受領側が利用しているアクセスポイントに、請求データを送受信

発行側の利用しているプロバイダーが請求データを受け取り、Peppol IDを元に受領側の利用するプロバイダーへと送信。

03 受領側

Peppol ID宛に届いた請求データを管理

受領側の請求書管理システムが、利用しているプロバイダーから請求データを受信。請求データがシステムに入力されます。

「Peppol ID」は送受信時の宛先／送信元を示すID

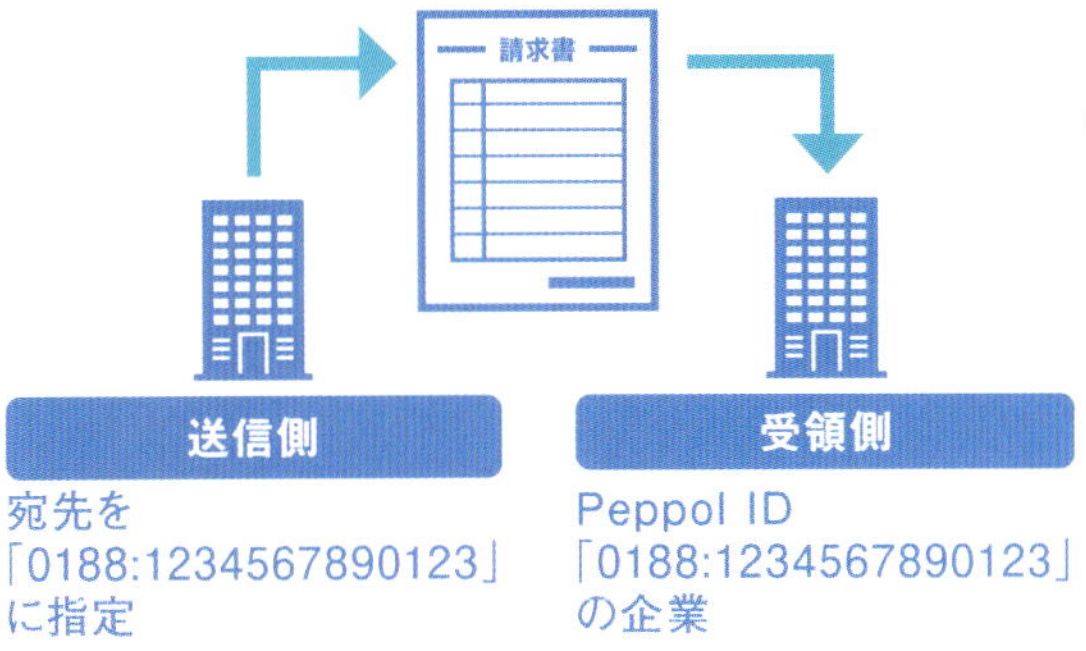

Peppol IDは請求書の送受信でメールアドレス的な役割を果たす

弥生
岡部毅氏

発送先と送り主それぞれにIDが必要です

デジタルインボイスで請求書を発行する際に、送り先の指定に利用されるのがPeppol IDです。請求書を受領した際には、送信元のIDを見ることで「誰から送られた請求書か?」を確認できます。

ココもCHECK!

Peppol IDはどうやって取得する?

日本の場合、Peppol IDを取得するためには適格請求事業登録番号、もしくは法人番号が必要となります。なお、Peppol IDの取得申請は、認定Peppolサービスプロバイダーで受け付けています。

IDはプロバイダーから取得

国内では36社が「Peppolサービスプロバイダー」として認定されています（2024年8月30日現在）

Peppol ID取得に必要な条件とは?

取得条件

- 1法人につき1IDが原則
- 法人番号または適格請求事業登録番号が必要

基本的にはこれまでに適格請求書を発行していた事業者であれば、Peppol IDを取得可能です

「JP PINT」はデジタルインボイスの日本標準仕様

＋

JP PINT（ジェイピー ピント）

- 担当者名
- 税率ごとに区分して合計した税込対価の額
- 末締め請求を考慮

記載事項に合わせて請求データを記述するための共通規格

JP PINTで日本の商習慣にも対応

Peppolは請求書の送受信におけるファイルやネットワークの仕様などを定めたグローバルな規格です。日本ではPeppolに適格請求書等保存方式に基づく必要な「記載事項」を満たすことも意識した「JP PINT」を用いています。

Peppolではプロバイダーを経由して、請求書を送受信します。請求書の宛先・送り元を表すのが、Peppol IDです。IDはプロバイダーから取得できます。

デジタルインボイス送受信の準備は整っている

デジタルインボイスの送受信に必要な条件は全部で4つ

1 規格の策定
デジタルインボイスの送受信時のデータ規格の策定

→

2 システムの対応
請求書送受信のシステムがデジタルインボイスに対応

→

3 企業の決定
発行側・受領側の双方がデジタルインボイスを採用

→

4 IDの取得
発行側・受領側の双方がPeppol IDを取得

このうち1と2はすでに環境が整っている!

デジタルインボイスの送受信には、国と企業の両方で環境を整備する必要があります。このうち国の準備はすでに終わり、対応するソフトも増えていることから、今すぐにでもデジタルインボイスの利用が可能です。

ソフトの対応状況がわからなければメーカーに確認すればOK!

ウイングアーク1st
崎本高広氏

「業務を効率化しよう」という動きを作れれば普及も加速する

すでに22のメーカーがデジタルインボイスに対応

日本では22のメーカーが提供する全33のサービスにおいて、デジタルインボイスを送受信する機能が実装されています。今使っているソフトが、いつの間にか対応していた……ということもありそうです。

使用しているサービスに送受信機能が追加されていればOK

デジタルインボイスに対応した主なサービス

会社名	サービス名
株式会社アイ・ジェイ・エス	売上原価Pro
ウイングアーク1st株式会社	invoiceAgent 電子取引
SAPジャパン株式会社	Peppol Exchange Service of the Cloud Edition of SAP Document and Rcporting Compliance
エヌ・ティ・ティ・コミュニケーションズ株式会社	BConnection デジタルトレード
応研株式会社	スマート大臣〈電子請求〉
株式会社OSK	DX統合パッケージ SMILE&eValue
株式会社オージス総研	eCubenet デジタルインボイスサービス
株式会社オービックビジネスコンサルタント	奉行Edge 請求管理電子化クラウド
	奉行Edge 支払管理電子化クラウド
キヤノンITソリューションズ株式会社	SuperStream-NX デジタルインボイスオプション

会社名	サービス名
GRANDIT株式会社	GRANDIT
	GRANDIT miraimil
Storecove (Datajust B.V.)	Storecove デジタルインボイスAPI
セイコーソリューションズ株式会社	Seiku Trusl EDI
株式会社TKC	ペポルアクセスポイントAPIサービス
	インボイス・マネジャー
	FX・SXシリーズ
	FMS
ピー・シー・エー株式会社	PCA Hub 取引明細
	PCA 財務会計シリーズ
	PCA 商管シリーズ
	PCA hyper 債務管理オプション

会社名	サービス名
ファーストアカウンティング株式会社	Peppol on Remota
	請求送付アクセル
	Peppol アクセスポイントサービス
富士通Japan株式会社	Fujitsu Peppol Connect Service
株式会社マネーフォワード	マネーフォワード クラウド
三菱電機ITソリューションズ株式会社	卸売業向け販売管理システム 販売指南
株式会社ミロク情報サービス	Edge Tracker 電子請求書 (旧MJS e-Invoice)
弥生株式会社	スマート証憑管理
ラディックス株式会社	CAULSmart RX
	CAUL RX
株式会社ワークスアプリケーションズ	HUEデジタルインボイス

※メーカー数、サービス数は2024年8月30日現在のもの
※最新情報は「EIPA会員、Peppolデジタルインボイス対応済みサービス一覧(https://www.eipa.jp/service)を参照

全33のサービスがデジタルインボイスに対応!

源泉徴収税額の表記も可能に! まずは使ってみて人もシステムも成長を

源泉徴収税額は注釈欄に記載

PeppolやJP PINTの仕様では、請求データの入力フォーマットに源泉徴収税額の専用項目がありません。ただし、EIPAなどでの協議の結果、フォーマット内の注釈欄に源泉徴収税額を入力することで、請求書に表記できるようになりました。

XMLファイル

請求書番号：1234
発行日：2024年8月1日
登録番号：T1234567890123
⋮
注釈：12345

JP PINTには源泉徴収税額の専用項目がない

↓ ただし

注釈欄に記入すれば源泉徴収税額を送信・受領できる

※EIPA所属法人間のやりとりにおいては、注釈欄（Invoice note IBT-022）に記載することで合意しました。ただし、源泉徴収税額の計算・処理を実行する義務があるのは、あくまで請求書の「受領側」にあるため、請求書の「送付側」が行った源泉徴収税額の記載は、あくまでも参考情報として「受領側」に通知するものと考えます。そのため、上記のEIPA会員の合意においては、インボイス受領後の源泉徴収税額付き請求書の「後続処理の自動化」までは、いったん想定しないものとしています。

受領側のプレビューには「単価+税率」を表示

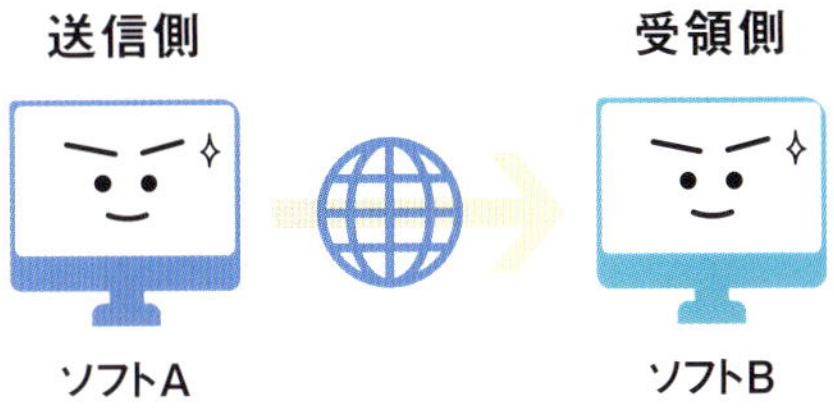

請求書プレビュー

請求書番号：1234
発行日：2024年8月1日
登録番号：T1234567890123
⋮
［明細1］
取引日：2024年7月1日
品名：本
単価：1234　数量：99
税率：標準税率（10%）

どのソフトも基本的には「単価＋税率」でプレビューが表示される

デジタルインボイスでは請求データの明細が「単価＋税率」という形で入力されます。受領側の請求書管理システムでは、請求データをプレビュー画面で確認できますが、このときに税込価格は基本的に表示できません。

プレビューの表示形式は基本どのソフトも変わらない

ココもCHECK!

担当者宛に請求書を発送できる?

Peppol IDは1社につき1IDが原則となっているため、会社宛の請求書がまとめて届きます。JP PINTには担当者欄がありますが、運用が未確定のため、実現に向けた仕様の調整が進められています。

XMLファイル

請求書番号：1234
発行日：2024年8月1日
登録番号：T1234567890123
⋮
担当者：税研太郎

JP PINTには担当者の項目がある

↓ ただし

運用が未確定のため担当者が受領データを確認できないケースも現在仕様を調整中

まずは使ってみて人もシステムも成長を

PeppolをベースにJP PINTが策定され、請求書の作成・管理システムが対応したことで、デジタルインボイスを送受信する環境は整いました。

とはいえ、デジタルインボイスは受領側の準備ができていなければ、やりとりすることができません。「いつデジタルインボイスを導入するか」「社内の業務フローをどう変えていくか」など、今後は効率化に向けた企業内外での調整が重要になるといえます。

デジタルインボイスは実装から日が浅く、現場に則した仕組みとなるには使ってみて、声をあげることが大切です。例えば、現在は当初項目になかった源泉徴収税額の表記が可能に。また、発送先の担当者の指定も、将来的には可能になると考えられています。

詳しい導入方法は次ページから! ←←←

デジタルインボイスのプロが教える

本稼働まで3ステップ！

デジタルインボイスを導入するには

デジタルインボイス推進協議会
代表幹事法人 株式会社TKC
執行役員
企業情報システム営業本部 本部長

富永倫教

はじめに

要件定義ができれば必要な業務が見えてくる！

　本誌では、多くのデジタルインボイスに関する情報が収められており、ある程度興味を持たれた読者の皆様の中には、デジタルインボイスを発行してみたいと考える方もいらっしゃるでしょう。本稿では、そのようなデジタルインボイスの発行に興味を持たれた方向けに、デジタルインボイスを発行するには具体的にどのような導入ステップが必要となるのか、紙面の許す限り詳細にご紹介します。

　デジタルインボイスの導入にはデジタルインボイスに対応したシステムの利用が不可欠となり、システムごとに機能や利用開始手続きなどが異なると考えられます。ここですべてのシステムの内容を紹介することは困難であることから、今回は私が所属する株式会社TKC（以下「TKC」）のシステムを利用した場合の一般的な利用開始手順と留意点を説明することにします。多くの手順や留意点は利用するシステムにかかわらず共通の内容となると思われますが、一方で他のシステムでは異なる部分があることを事前にご了承ください。

　なお、これ以降Peppolのネットワークを介したデジタルインボイスを「ペポルインボイス」として説明します。

ペポルインボイス対応のための3ステップ

TKCでは、顧客であるTKC会員事務所（税理士・公認会計士）及び中堅・大企業に発行する請求書を、令和5年10月以降原則ペポルインボイスで発行することを決定しました。これに伴い令和5年1月に、発行する請求書をペポルインボイスに対応するステップを以下のとおり定義しています。

これ以降、ステップごとに具体的に内容を確認していきます。

■自社が発行する請求書をペポルインボイスに対応するステップ

STEP 1　要件定義フェーズ

1. ペポルインボイスで送信する請求書などの範囲決定
2. 顧客のID情報（ペポルID）の収集・保存方法決定
3. 受発注・請求管理システムの改修内容決定
4. 価格体系の見直し要否、ペポルインボイスへの出力内容の検討

STEP 2　システム設計・改修フェーズ

1. 顧客マスターへの項目追加（ペポルID）
2. 顧客マスターのメンテナンス機能の改修
3. インボイス・マネジャーへのデータ出力と各機能の運用テスト

STEP 3　顧客への案内・周知フェーズ

1. 顧客への請求書の送付方法を変更する旨とスケジュールの案内
2. 顧客でのペポルインボイス受領時の経理、支払処理フローの確認
3. 顧客のID情報（ペポルID・Eメールアドレス）の収集
4. 顧客のペポルインボイスの利用開始手続き（ペポルIDの登録）支援
5. ペポルインボイスの受信・仕訳連携機能の説明と導入支援

本稼働

1. ペポルインボイスで送信する請求書などの範囲決定

現在自社で発行している請求書などの中で、どの範囲をペポルインボイスで送信するかを決定します。インボイスの発行について、ペポルインボイスとそれ以外の方法(書面など)とが混在する場合、実務上、顧客などの請求書などの発行単位ごとに、ペポルインボイスで発行するのか、書面で発行するのかといった区分が請求管理システムなどで必要となることが想定されます。

2. 顧客のID情報(ペポルID)の収集・保存方法決定

ペポルインボイスを送信するためには送付先のPeppol Participant ID(Peppolネットワーク上で電子文書の送り手・受け手を識別するID、以下「ペポルID」とします。)が必要となります。現在日本企業が使用できるペポルIDは、法人番号又は適格請求書発行事業者の登録番号のみであり、ペポルインボイスの送信時には受信者のペポルIDの指定が必要となることから、顧客のペポルIDの収集と保存方法を決定します。なお、TKCではペポルIDを登録済みの顧客にはペポルネットワークで送信する一方、ペポルID未登録の顧客にはEメール経由でTKCの閲覧サイトにアクセスしてもらう方式で送信しています。なお、TKCシステムにおけるペポルネットワークの送信と閲覧サイトの概要については次の図のとおりです。

3. 受発注・請求管理システムの改修内容決定

上記1.と2.から、受発注・請求管理システムで改修が必要となる内容を決定します。既存の受発注・請求管理システムの機能範囲

ボイスの標準仕様（JP PINT）に変換して送信

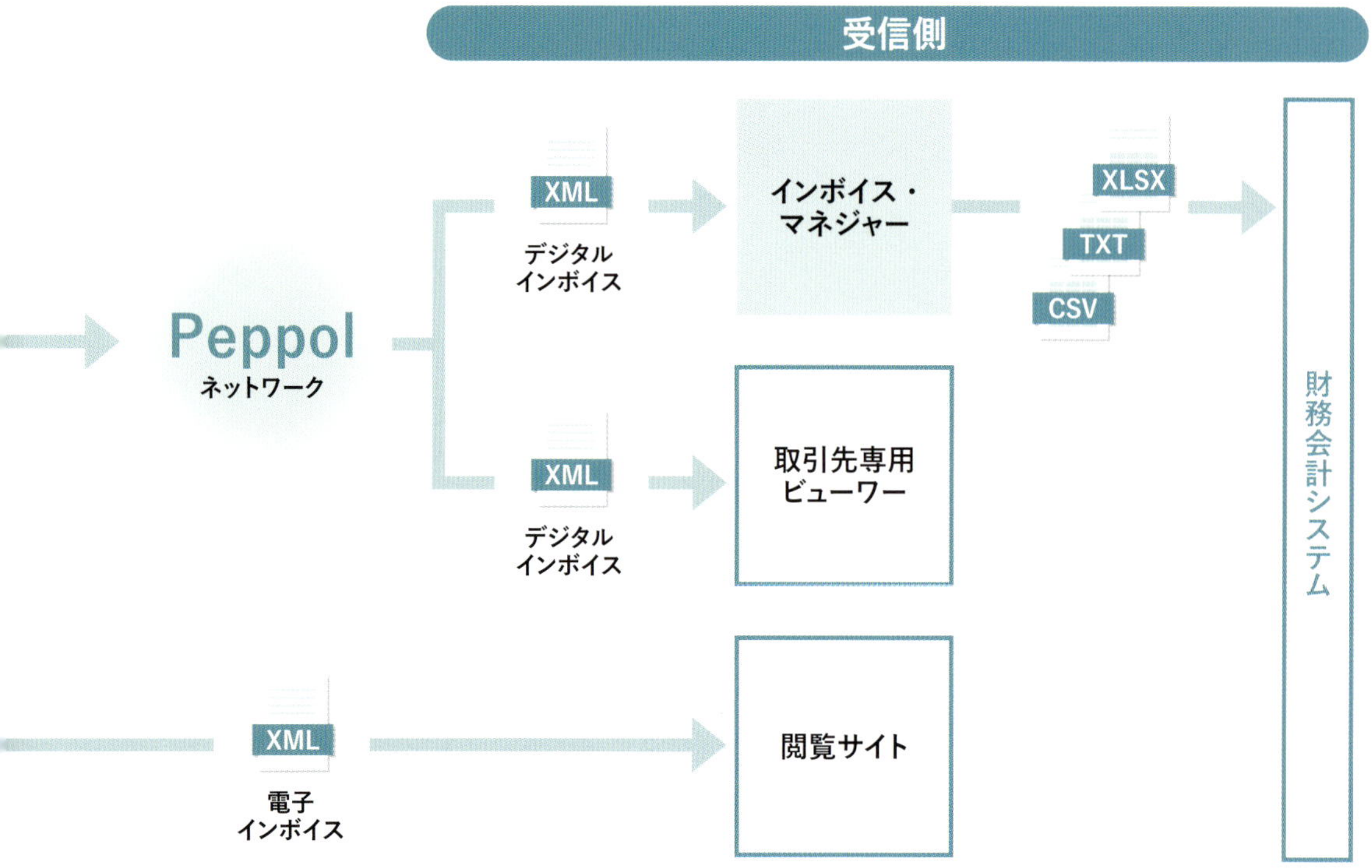

により改修内容は異なりますが、ご参考までにTKCで改修した主な点は次のとおりです。

(1) 受発注システムでの入力項目の追加（マスター・注文情報）

① 顧客ごとの請求書の受取方法（ペポルID・閲覧サイト・書面）

なお、書面での受取は、暫定的措置として令和6年9月までとしています。

② 注文者・請求書送付先のペポルID・Eメールアドレス

(2) 請求書送付先変更申請フォームの作成

一度収集したペポルID・Eメールアドレスの情報に変更があった場合に、顧客から変更を申請する仕組みの構築

(3) 請求書のレイアウト変更

ペポルID・Eメールアドレスの表示や「注釈」にセットする内容（詳細は後述します）への対応

4. 価格体系の見直し要否、ペポルインボイスへの出力内容の検討

(1) ペポルインボイスでは、取引明細ごとに税抜金額（純額）をセットすることから、税抜表示のみに対応しています。そのため、税込価格の場合は税抜価格に変更する必要があるので、価格体系の見直しが必要か確認します。

(2) 日本におけるデジタルインボイスの標準仕様であるJP PINT（日本のPeppol Authorityであるデジタル庁が策定・管理）は、請求書に関わる新たな国際標準仕様であるPINT（Peppol International Invoice Model）をベースとしており、現在請求書によくある項目のうち、JP PINTであてはまる項目が存在しないものがあります。項目として設けられていない内容も含めて、ペポルインボイスで出力する内容について検討する必要があります。

一例として、次の項目については、JP PINTでは定義されていないため、デジタルインボイス推進協議会加盟企業ではインボイスの注釈欄にセットすることで対応を進めています。

① 日本独自の商習慣による月締め請求書でよくある、請求書の鑑部に記載する「前回請求額」「入金額」「繰越金額」などの項目

② 日本独自の文化により請求書に記載することのある源泉徴収税額

注釈欄に記載する項目も含めて対応を検討します。

■ 販売管理システムのデータをデジタル

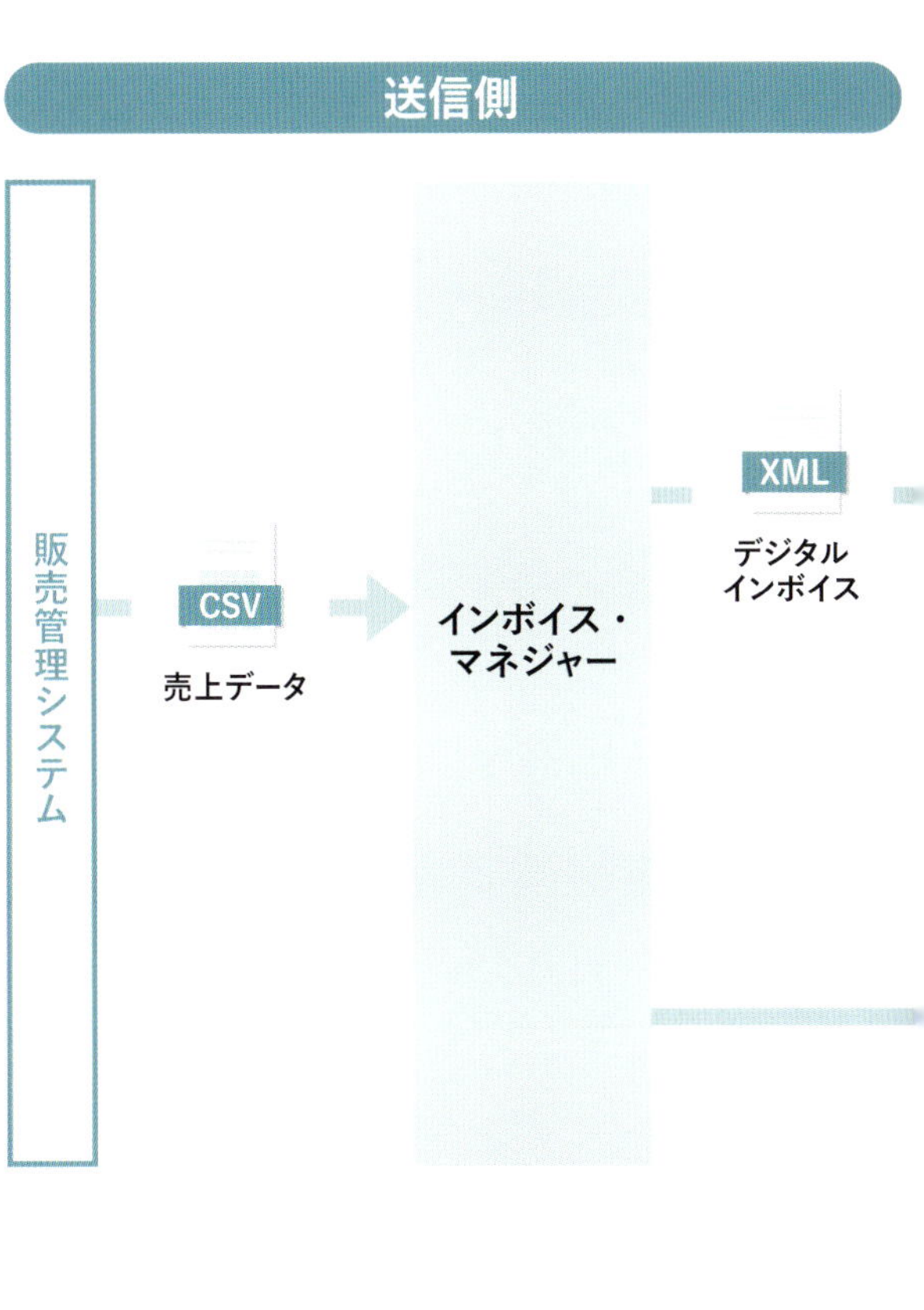

STEP 2

システム設計・改修フェーズ

システム設計・改修フェーズでは、要件定義フェーズで決定した受発注・請求管理システムで改修が必要となる内容について、システムの改修を進めます。また、改修後には各機能が仕様どおりに正しく処理されるのか運用テストを実施します。

1. 顧客マスターへの項目追加（ペポルID）

前述のとおり、ペポルインボイスで送信するためには受信者のペポルIDが必要となることから、これを受発注・請求管理システムのマスターに追加します。

2. 顧客マスターのメンテナンス機能のUI改修

TKCの場合、STEP1の3(2)に記載の、一度収集したペポルID・Eメールアドレスの情報に変更があった場合に、顧客から変更を申請する仕組みの構築がこれに該当します。このように各社の状況に応じて、現行の仕組みから改修が必要な点を確認し、改修を進めてください。

3. インボイス・マネジャーへのデータ出力と各機能の運用テスト

「インボイス・マネジャー」とはTKCのペポルインボイス発行、受領システムであり、30ページの図にあるとおり、今回のインボイスの発行側では販売管理システムなどから売上データを読み込むことから処理が始まります。「インボイス・マネジャー」で定義されたフォーマットにあわせて、販売管理システムなどからデータを出力する必要があり、出力されたデータのどの項目が「インボイス・マネジャー」で定義されたどの項目にセットされるかを関連付けする必要があります。

このように、デジタルインボイス発行のために必要となるデータの定義や運用テストについては、システムベンダーの協力を得ながら対応を進めることが望ましいと判断しています。

顧客への案内と支援も導入に不可欠

STEP 3

顧客への案内・周知フェーズ

これまでのフェーズで顧客にペポルインボイスを送信する準備が整ったため、具体的に顧客へ請求書をペポルインボイスで送信する旨を案内する段階へと進みます。

1. 顧客への請求書の送付方法を変更する旨とスケジュールの案内

ペポルインボイスを送信する顧客に対して請求書をペポルインボイスで送信する旨と具体的な送信開始時期、必要な準備事項などを案内します。TKCでは令和5年6月に前述の顧客に対して、これまで書面で送付していた請求書を令和5年10月から原則、ペポルインボイスでの送付に切り替える旨を案内しました。実務上切り替え時期の数か月前に案内することが望ましいでしょう。

2. 顧客でのペポルインボイス受領時の経理、支払処理フローの確認

「ペポルインボイスによる請求書の受領」を選択した顧客には、必要に応じて事前にペポルインボイス受領時の経理、支払処理フローを確認することをお勧めします。

3. 顧客のID情報（ペポルID・Eメールアドレス）の収集

前述のとおりペポルインボイスを送信するためには送付先のペポルIDが必要となるため、今までのフェーズで構築した仕組みを利用して、顧客のID情報を収集します。

4. 顧客のペポルインボイスの利用開始手続き（ペポルIDの登録）支援

ペポルインボイスの送信側、受信側ともに、利用申請手続きを行うことにより、ペポルIDを取得でき、アクセスポイントを通して、ペポルネットワークに参加する他のユーザーと電子文書の送受信を行えるようになります。このため顧客（受信側）でも利用開始手続きが必要で、これら利用開始手続きの具体的な手順などを案内し手続きを支援します。

5. ペポルインボイスの受信・仕訳連携機能の説明と導入支援

本稼働の前に、顧客にペポルインボイスによる請求書をテスト送信し、実際に顧客側で問題なく受信できているかを確認することをお勧めします。あわせてシステムでペポルインボイスのデータをもとに会計システムへの仕訳連携機能を有している場合には、仕訳連携機能を説明したうえで、テストデータにもとづきどのような仕訳連携の設定が必要になるのかなどを説明すると良いでしょう。

以上がペポルインボイス導入の手順と留意点となります。文章で示すと大変なボリュームがあるように感じるかもしれませんが、「1．要件定義フェーズ」が固まればあとはおのずから必要な業務が見えてくるので、手戻りのないような要件定義が重要です。

本稿を参考に、1社でも多くの会社がペポルインボイスを活用することを祈念して、本稿の終わりとします。

デジタルインボイスを先導する企業に訊く 01
Ask the leading companies in digital invoicing

異次元の業務効率化 TKCが挑む未来革新

取材協力 | 株式会社TKC

システム開発研究所 部長 土井 了 ／ SCG営業本部 部長 山田千津

99・9%の工数削減を実現

インボイス制度の始まりとともに自社会員への請求をすべてデジタルインボイスに変更した株式会社TKC。デジタルインボイス導入による業務効率化の成果は大きく、請求書発送業務の工数が99・9%削減されたというから驚きだ。

TKCシステム企画本部部長土井了氏によると、デジタルインボイスはこれまでの電子インボイスと異なり、発行側だけでなく受信側のメリットも大きいと話す。

「デジタルインボイスはXMLデータで送信されるため、PDFなどの画像データよりも容量が小さく、かつ情報のクオリティも担保されています。受信側はデータから直接仕訳を生成できるので、精緻（せいち）で正確な自動仕訳処理が可能となります。実際、TKCが発行した請求書について、チェックから仕訳処理まで90分かかっていた業務が3分で処理できるようになったというクライアントもいます」（土井氏）

デジタルインボイスの普及が、人材不足に悩む中小企業の業務効率化に一役買うと見据えているようだ。

一方で単純な業務効率化だけに注目すべきではないと土井氏は話す。

「近い将来、請求書を受信するだけで支払処理を完了したり、得意先から入金されるだけで売掛金の消し込みを自動で行ったりなど、より利便性の高いシステムが構築されるでしょう。ただ、それは生産性の向上でしかありません。TKCのデザインとしてはデジタル化は過程であり、これらの仕組みをベースにして企業側が正確に業績を把握し、精度の高い経営判断を行えることをゴールとして見据えています」（土井氏）

取材／伊藤あきら 撮影／海老澤芳辰

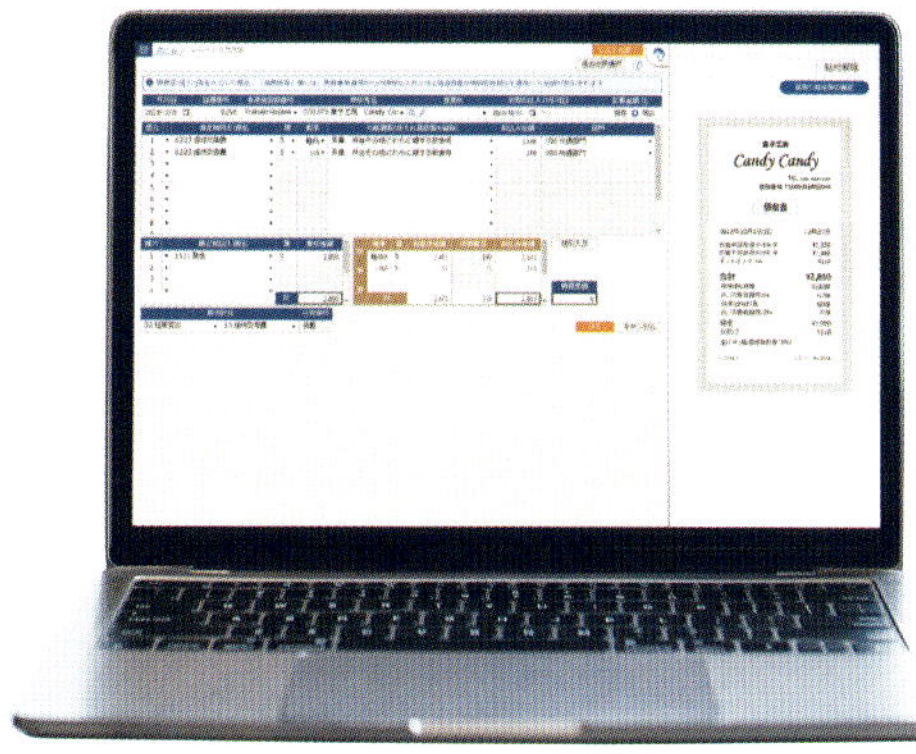

FXクラウドシリーズは、TKC全国会に所属する税理士・公認会計士が提供する。財務会計システムは企業向け会計ソフトとして初めて、電子帳簿ソフト法的要件認証を受けている。

●Peppolインボイス導入で、請求書発送業務は99.9%削減

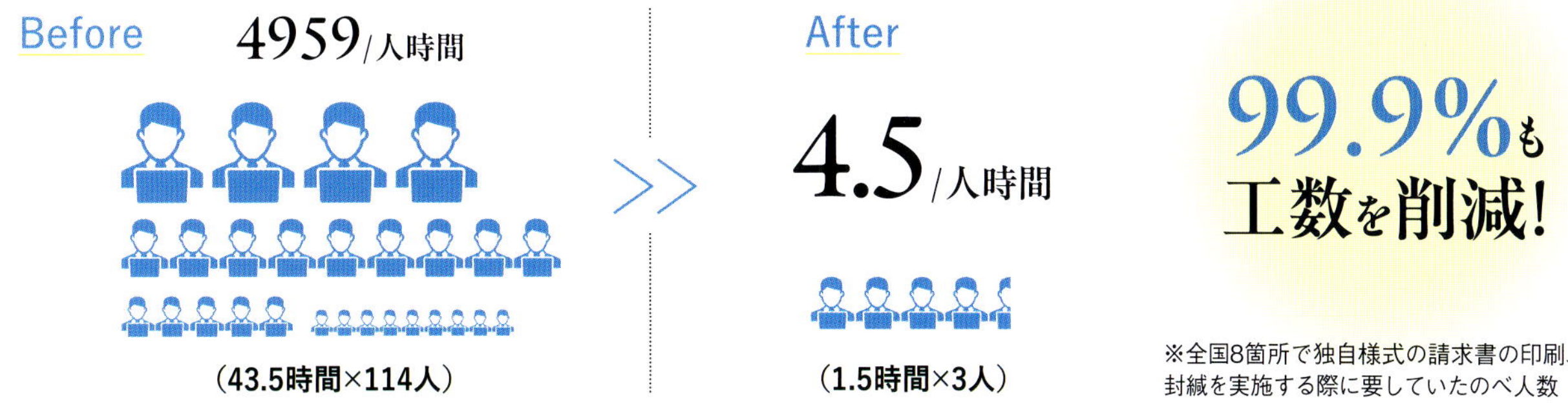

※全国8箇所で独自様式の請求書の印刷、封入封緘を実施する際に要していたのべ人数

仕訳は「読む」時代に

デジタルインボイスが普及していくなかで「PDF」と「デジタルインボイス」、顧客によって発行するインボイスの形式が異なると経理担当者の負担が増える懸念もある。この問題に対してTKCでは、インボイスに限らず、すべての書類を同一操作で手間なくデジタルで送信する仕組みを作ることで解決していると、TKC執行役員SCG営業本部企業システム推進部長山田千津氏は語る。

「TKCのシステムでは書類をデジタル発行する際、書類の種類と受信側のPeppol IDの有無を確認し、Peppolネットワークを介して(=デジタルインボイスとして)発行するか、TKC独自のネットワークを介して発行するかをシステムが自動で判断します。そのため、発行側の手間がかからない仕様になっています」(山田氏)

同機能は中小企業向けの「FXクラウドシリーズ」や中堅・大企業向けのクラウドサービス「インボイス・マネジャー」などに導入されている。

「デジタルインボイスの利点を感じてもらうためには、流通することが第一です。発行側に手間がかかってしまうと流通量は増えないため、まずは発行側のハードルを下げ、これまでと変わらない手間で自然に流通していく仕組みを作ることが重要です」(山田氏)。

では、実際にデジタルインボイスが普及すると何が大きく変わるのか。土井氏は企業の会計業務に大きな変化が見られるだろうと話す。

TKCはデジタルインボイスの仕組みを利用し、これまでとは異なる次元での高精度な仕訳生成を行うシステムの特許を取得済みだ。このシステムでは従来のAI-OCRでは難しかった明細単位での仕訳を正確に生成できるだけでなく、部門管理など驚くほど細かな設定の仕訳が自動で生成される。

「企業が業績管理を正確に行うためには部門別や商品別など細かい仕訳の集計を分析する必要があります。ただ、そうなると膨大な量の仕訳が必要になるのは想像に難くありません。しかし、このシステムを使うことでどれだけ膨大な取引であっても、インボイス上のデータを100%の精度で読み取り、業績管理目的に沿った仕訳を短時間で計上可能となるため、より細かな経営分析や業績管理ができるようになります」(土井氏)。

また、山田氏はこのシステムについて今後の税理士の業務に大きな変化をもたらすだろうと語る。

「昨今のデジタル化により自動仕訳が当たり前の時代となり、仕訳が〝入力〟から〝読む〟ものへと変わったと話

自動仕訳生成で入力作業ゼロの日も近い

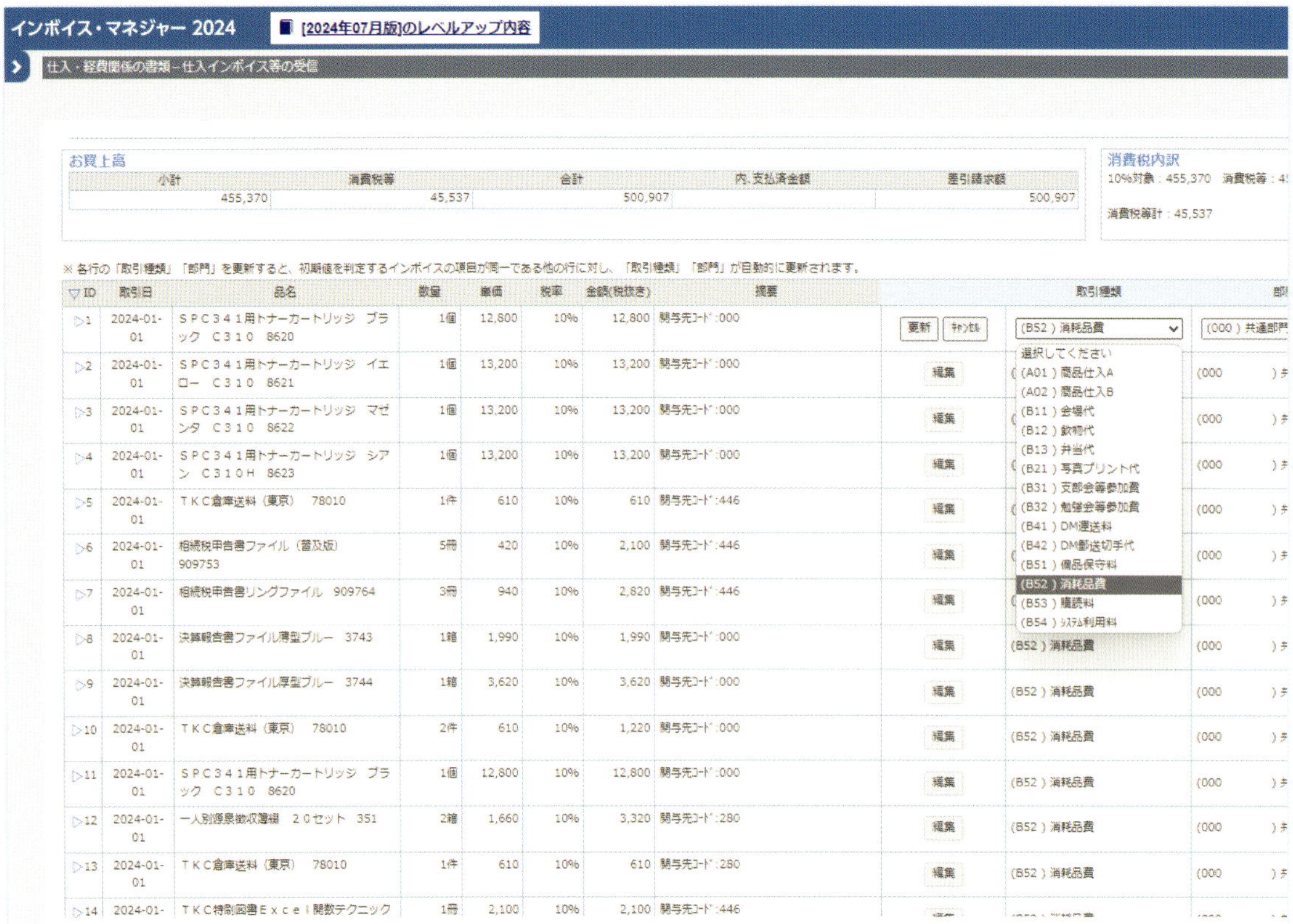
インボイス・マネジャー 2024　[2024年07月版]のレベルアップ内容
仕入・経費関係の書類－仕入インボイス等の受信

お買上高

小計	消費税等	合計	内.支払済金額	差引請求額
455,370	45,537	500,907		500,907

消費税内訳
10%対象：455,370　消費税等：4
消費税等計：45,537

※ 各行の「取引種類」「部門」を更新すると、初期値を判定するインボイスの項目が同一である他の行に対し、「取引種類」「部門」が自動的に更新されます。

ID	取引日	品名	数量	単価	税率	金額(税抜き)	摘要		取引種類
1	2024-01-01	ＳＰＣ３４１用トナーカートリッジ　ブラック　Ｃ３１０　8620	1個	12,800	10%	12,800	関与先ｺｰﾄﾞ:000	更新 ｷｬﾝｾﾙ	(B52) 消耗品費
2	2024-01-01	ＳＰＣ３４１用トナーカートリッジ　イエロー　Ｃ３１０　8621	1個	13,200	10%	13,200	関与先ｺｰﾄﾞ:000	編集	
3	2024-01-01	ＳＰＣ３４１用トナーカートリッジ　マゼンタ　Ｃ３１０　8622	1個	13,200	10%	13,200	関与先ｺｰﾄﾞ:000	編集	
4	2024-01-01	ＳＰＣ３４１用トナーカートリッジ　シアン　Ｃ３１０Ｈ　8623	1個	13,200	10%	13,200	関与先ｺｰﾄﾞ:000	編集	
5	2024-01-01	ＴＫＣ倉庫送料（東京）　78010	1件	610	10%	610	関与先ｺｰﾄﾞ:446	編集	
6	2024-01-01	相続税申告書ファイル（普及版）909753	5冊	420	10%	2,100	関与先ｺｰﾄﾞ:446	編集	
7	2024-01-01	相続税申告書リングファイル　909764	3冊	940	10%	2,820	関与先ｺｰﾄﾞ:446	編集	
8	2024-01-01	決算報告書ファイル薄型ブルー　3743	1箱	1,990	10%	1,990	関与先ｺｰﾄﾞ:000	編集	(B52) 消耗品費
9	2024-01-01	決算報告書ファイル厚型ブルー　3744	1箱	3,620	10%	3,620	関与先ｺｰﾄﾞ:000	編集	(B52) 消耗品費
10	2024-01-01	ＴＫＣ倉庫送料（東京）　78010	2件	610	10%	1,220	関与先ｺｰﾄﾞ:000	編集	(B52) 消耗品費
11	2024-01-01	ＳＰＣ３４１用トナーカートリッジ　ブラック　Ｃ３１０　8620	1個	12,800	10%	12,800	関与先ｺｰﾄﾞ:000	編集	(B52) 消耗品費
12	2024-01-01	一人別源泉徴収簿綴　２０セット　351	2箱	1,660	10%	3,320	関与先ｺｰﾄﾞ:280	編集	(B52) 消耗品費
13	2024-01-01	ＴＫＣ倉庫送料（東京）　78010	1件	610	10%	610	関与先ｺｰﾄﾞ:280	編集	(B52) 消耗品費
14	2024-01-	ＴＫＣ特別図書Ｅｘｃｅｌ関数テクニック	1冊	2,100	10%	2,100	関与先ｺｰﾄﾞ:446		

『インボイス・マネジャー 2024』では同社会計システムへの仕訳生成機能はもちろん、他社会計システムへの仕訳データ生成機能も搭載。受信したインボイス等は一覧で確認でき、関連する書類の取引種類や部門を同時に更新することもできる。

す先生もいます。精緻で粒度の細かい仕訳を短時間で自動生成できるようになると、これまでの仕訳入力の時間は確実に削減されるでしょう。そうなると、会計事務所の業務も、粒度の細かい仕訳データを活用した経営助言といった、より付加価値の高い業務にシフトしていくと考えられます」（山田氏）。

　財務会計から経営者を支えるための管理会計へ、デジタルインボイスで会計事務所の未来も大きく変わっていくのだろう。

普及の鍵は「会計事務所」

　前述のとおり、高い利便性を持つデジタルインボイスだが、一般的な認知度は低く、普及にはまだ時間がかかりそうだ。山田氏は「取引先の多い大企業だけでなく、中小企業と両輪で認知度を高めなければ浸透しない」と話す。

　では、デジタルインボイスが中小企業に普及するためには何が必要なのか。

「カギは会計事務所にあると思います。税理士法が改正され、税理士が中小企業のＤＸを推進することが期待されています。デジタルインボイスの発行・受領には、システムの導入・設定が必要です。日々の企業の取引を知る会計事務所だからこそ、デジタルインボイスの導入支援ができると考えています」（山田氏）。

　過去に電子申告に率先して取り組み、その普及に大きく貢献したＴＫＣ全国会。今回のデジタルインボイスを「電子申告に続く、大きな電子化の流れ」と捉え、中小企業のデジタルインボイス対応に意欲的な税理士（ＴＫＣ会員）も多いという。

　山田氏によると現在、ＴＫＣではデジタルインボイスの普及に向け、３ステップに分けデジタルインボイスの発行に取り組んでいるという。ステップ１：ＴＫＣから会計事務所への請求書、ステップ２：会計事務所から顧問先企業、ステップ３：顧問先企業から取引先へのデジタルインボイスの発行である。

「今年の５月にステップ３（顧問先から得意先へのデジタルインボイスの発行）の仕組みが整いました。会計事務所が顧問先企業のデジタルインボイス導入を支援するための「Ｐｅｐｐｏｌインボイス導入キット」を用意し、全国で研修会を開催しています。中小企業のＤＸに向け、デジタルインボイスの普及に全力で取り組んでいきます」

見積書、納品書、請求書、領収書をすべてデジタル発行する

デジタル文書をFXクラウド(販売管理機能)、SXシリーズ及びインボイス・マネジャーから送信

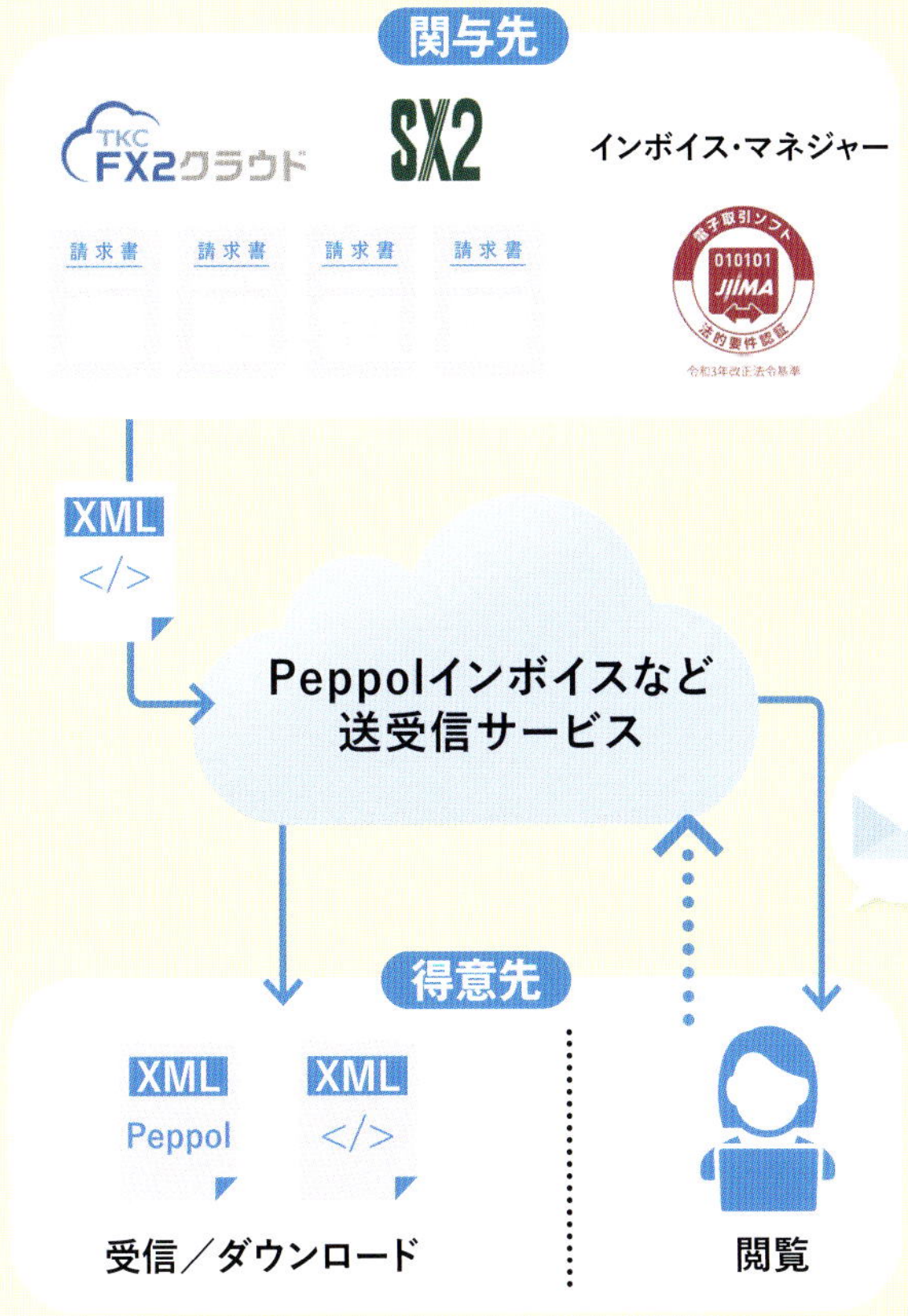

❶ PeppolIDをもつ得意先には、Peppolネットワークを介してインボイス(税抜)を届ける。
❷ 得意先にはデジタル文書が届いたことを、メールにて通知。
❸ 得意先は、書類の種類に関係なく、同一の仕組みで書類を受け取ることができる。受け取り方は右の4パターン。

デジタル文書の受取方法は4パターン

FXシリーズ利用企業

【証憑保存機能またはインボイス・マネジャー】

・自動受信、保存
・保存期間は10年
・インボイスから仕訳生成

XML Peppol　XML </>　電子取引ソフト 010101 JIIMA 法的要件認証 令和3年改正法令基準

FXシリーズ未利用企業

▶他社のPeppolID(アクセスポイント)利用の場合は

他社システム+閲覧サイト

・Peppolインボイスは他社システムで受信
・インボイス以外は閲覧サイトからダウンロード

▶Peppolインボイスを受信したい場合(TKC Peppol ID取得)

取引先ビューワー

・保存期間は3カ月
・書類の一覧を閲覧可
・PDFに変換してダウンロード
・CSVエクスポート可

XML Peppol　XML </>

▶PeppolIDを取得しない場合は

閲覧サイト

・保存期間は3カ月
・書類ごとに閲覧
・PDFに変換してダウンロード

XML Peppol

株式会社TKC

昭和41年(1966年)に創業以来、一貫して、会計事務所と地方公共団体の2つの分野に専門特化した情報サービスを展開。日本の情報産業界に独自の地位を築く。

TKC グループ

■営業時間
9:30～17:00(月-金)

■所在地
〒162-8585
東京都新宿区揚場町2-1
軽子坂MNビル5F

■電話番号
03-3235-5511

■ウェブページ
https://www.tkc.jp/

お問い合わせはこちら

● TKC Peppolアクセスポイントのユーザ数

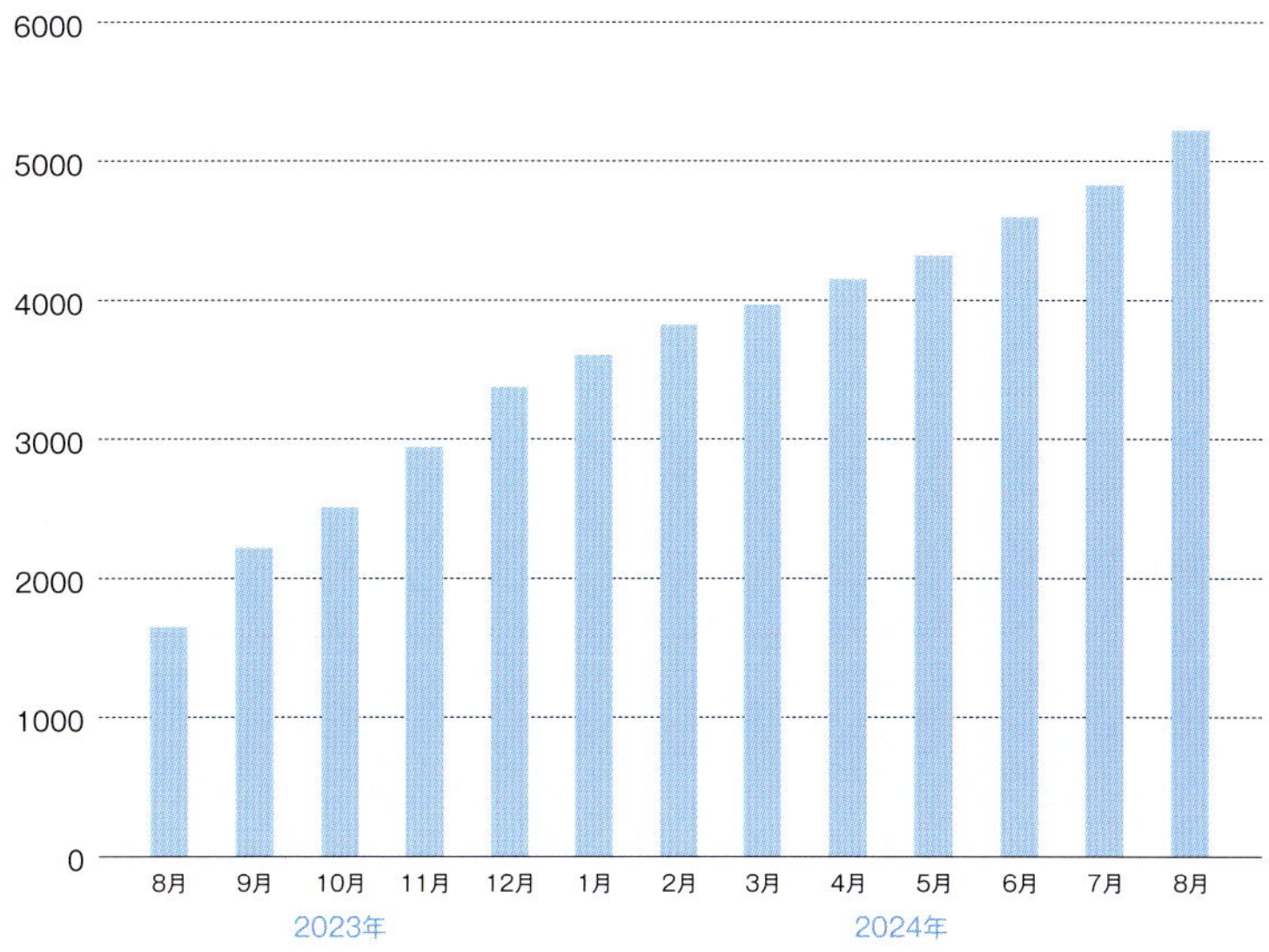

普及後の新しい社会

ンボイスが
す未来

デジタルインボイスは単に請求書を電子化したものではない。請求情報が構造化・標準化されることで、業務効率化やコスト減が果たせる。ここでは、普及の先に期待されるメリットを具体例を交えて解説してもらった。

The Future Brought
by Peppol e-invoice

デジタルインボイス推進協議会
幹事法人
株式会社マネーフォワード
グループ執行役員(サステナビリティ担当)
Chief of Public Affairs
兼 Fintech研究所長
瀧俊雄
Toshio Taki

「労働力不足を解消 会社運営の持続化がゴール」

２０２３年はインボイス制度の施行や電子帳簿保存法の宥恕期間終了もあり、様々なバックオフィスの変化が起きた年でもありました。このような制度変化は、足元のデジタル化を進める掛け声としての側面もありますが、より重要な意義としては、労働力不足の中で会社の経営にかかるコストを様々に削減し、会社の運営体制を持続的に確保できる仕組みへとつなげていくことです。このゴールを叶えるべく、デジタルインボイス推進協議会では、単なる制度対応に留まらず、日本のバックオフィスを中期的に変えていくきっかけとしてインボイス制度を捉えています。

電子化で留まるべきではない

デジタルインボイスとは、制度上の適格請求書（インボイス）をデジタル完結の形で、標準化された形式を確保して送れることを指しています。その初期的なメリットは、インボイス制度によって始まった送り主側における写しの保存義務にかかる負荷の軽減です。従来は受領側にのみ必要であった保存義務が送付側にも求められるようになったことは、うっかり廃棄してしまったり、事務的な保存場所の確保といった課題を生みうるところ、デジタル化してしまえばその負担を回避することが可能となります【図表1】。

また、このようなデジタルインボイスの送信はクラウド型のサービスを用いることも多いため、リモートワークの推進や、遠隔地での採用といった、人員確保を容易化することが期待されます。多くの会社ではいまだ、請求書を会社で待つ工程や、受け取った情報を業務システムに打ち直す過程が存在していますが、クラウド型のサービスを通じて正確なデータ連携がなされれば、その手間と誤入力のリスクを省略することができます。

以上は、インボイスの電子化・ク

具体例でイメージする

デジタルイ
もたら

【図表1】

	紙 紙の場合	PDF PDF(電子インボイス)の場合	CSV CSV(電子インボイス)の場合	デジタルインボイスの場合
発行側	印刷や封入の手間	システムからデータで送れる	システムからデータで送れる	システムからデータで送れる
受領側	処理の手間 システムへ手入力	紙と同様に システムへ手入力	システムが異なるため 自動入力ができず 手入力が必要	標準化・構造化されたデータで 自動処理が可能

「後工程の自動化と業務コストの削減に真価」

ラウド化によるメリットですが、それだけが、デジタルインボイスを起因とするDXではありません。デジタルインボイスの真価は、その後の工程の自動化と、それに伴う様々な業務コストの削減にあります。

一例をあげてみましょう。日本の業務慣行では、複数の請求書を月単位でまとめて支払うことが行われており、これにより支払い側（買い手）は、振込手数料や送金事務の手間を削減することができる一方で、支払いを受ける側（売り手）は、細目の照合が必要となります。例えば、7000円、9000円、8000円の3本の請求書をまとめて2万4000円で送られた場合、どれがどの金額に対応しているのかを確認する工数が発生します。

ここで、理想的な状況を考えてみると、デジタルインボイスの導入により、まずは請求内容と金額を特定できるデータが自動的に売り手側に連携されることが挙げられます。また、全銀EDIと呼ばれる、法人取引上のツールを用いれば、銀行への入金時に、同時に請求情報が入金に添付されるような形で連携されます。この二つが組み合わさると、合算された請求に対して一件の入金が自動で消し込まれる状況が実現します【図表2】。

このような、従来であれば請求業務と送金業務、入金の確認という3つの異なる業務が正確に連携されることで、事務上のエラーと、処理を行う工程をそもそも削減することが可能となります。【図表3】。

も資金もコスト減

【図表2】

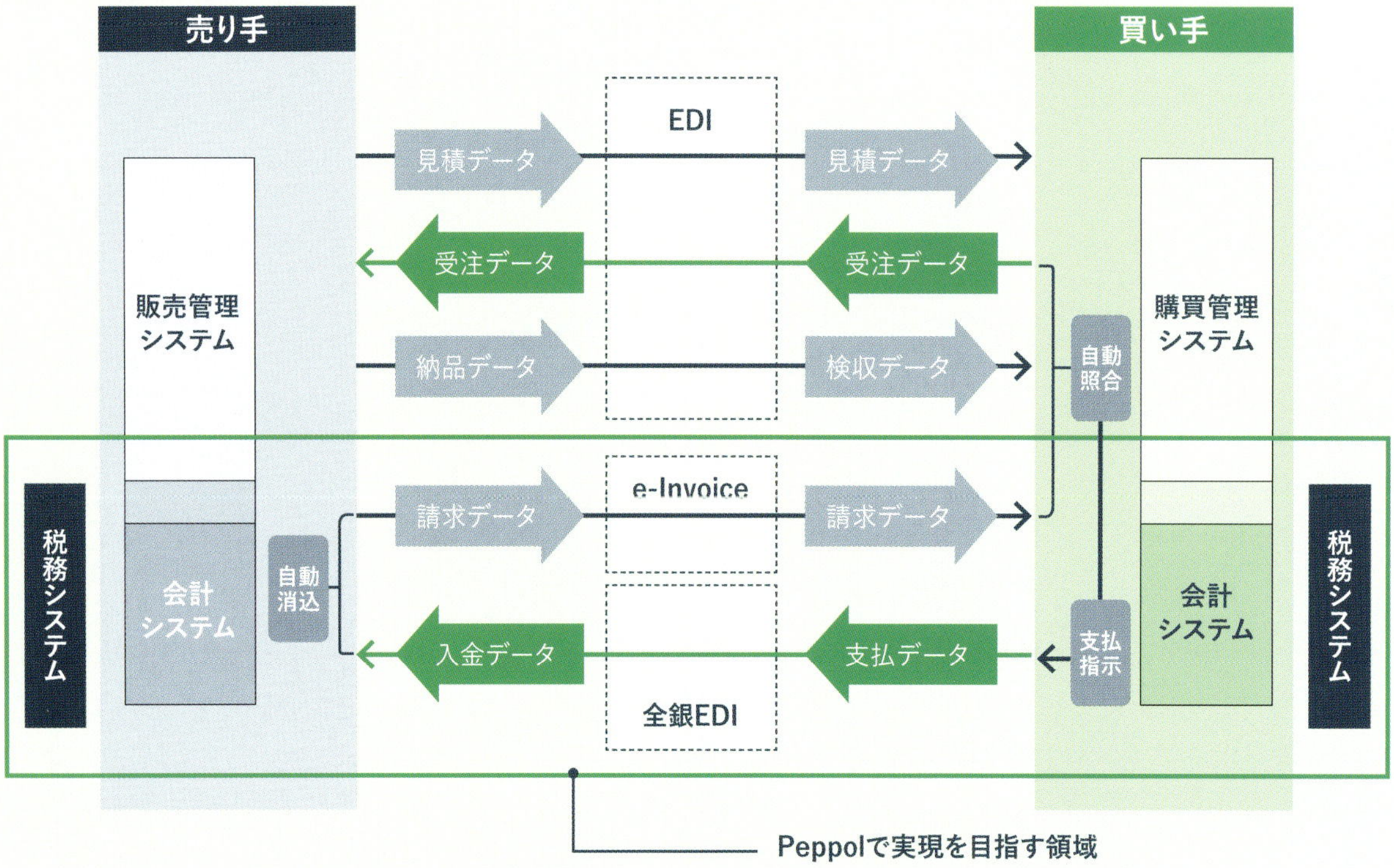

【図表3】

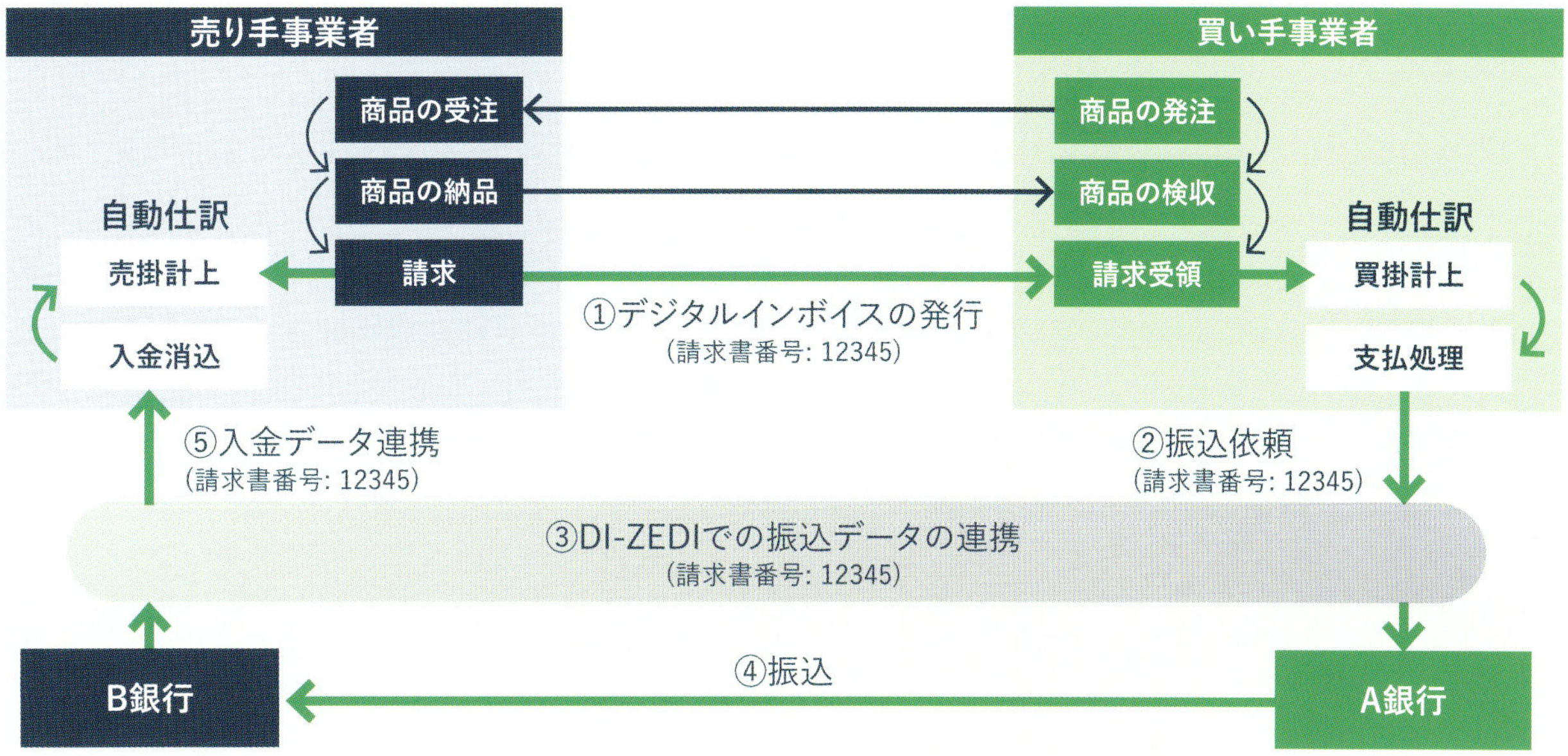

The Future Brought
by Peppol e-invoice

デジタルインボイスで手間

「新規取引の早期化、
運転資金の圧縮にも」

企業の資本・内部統制コストを低減する

デジタルインボイスの普及は企業経営に係るコストの削減にも繋がります。

その一つは、資本コストです。請求書のデータを活用した与信を例として考えてみましょう。請求書は当然ですが、ある会社が売上を立てることができたという情報を含んでいます。そして、典型的には売り手よりも買い手の方が信用力が高いという状況がある中で、買い手から近い将来に入金があるという情報を含んでいます。そのデータとしての信頼性が高ければ（送信主を電子的な証明書によって示すなどして）、請求書をもとにした与信力が生まれることになり、例えば売掛債権のファクタリングにつなげたり、複数の請求データが存在することを元に融資を受けることが可能になります。これらは、新規取引の早期化や企業の運転資金の圧縮に繋がり、特に中小企業においては高い資本コストを抑制できることになります。従来、法人の単位で発生してきた信用力は、今後は取引であったり、事業所の単位でみることが可能ともなる中で、ビジネス上の確認もより現場に委任でき、早い意思決定が可能となっていくことでしょう【図表4】。

また、企業の内部統制コストの削減につながる点も見逃せません。例として請求書を受け取る業務における工数削減を考えてみましょう。前述のように理想的な状況を考えると、請求データを受け取ったタイミングで買い手企業では、請求元の登録確

【図表4】

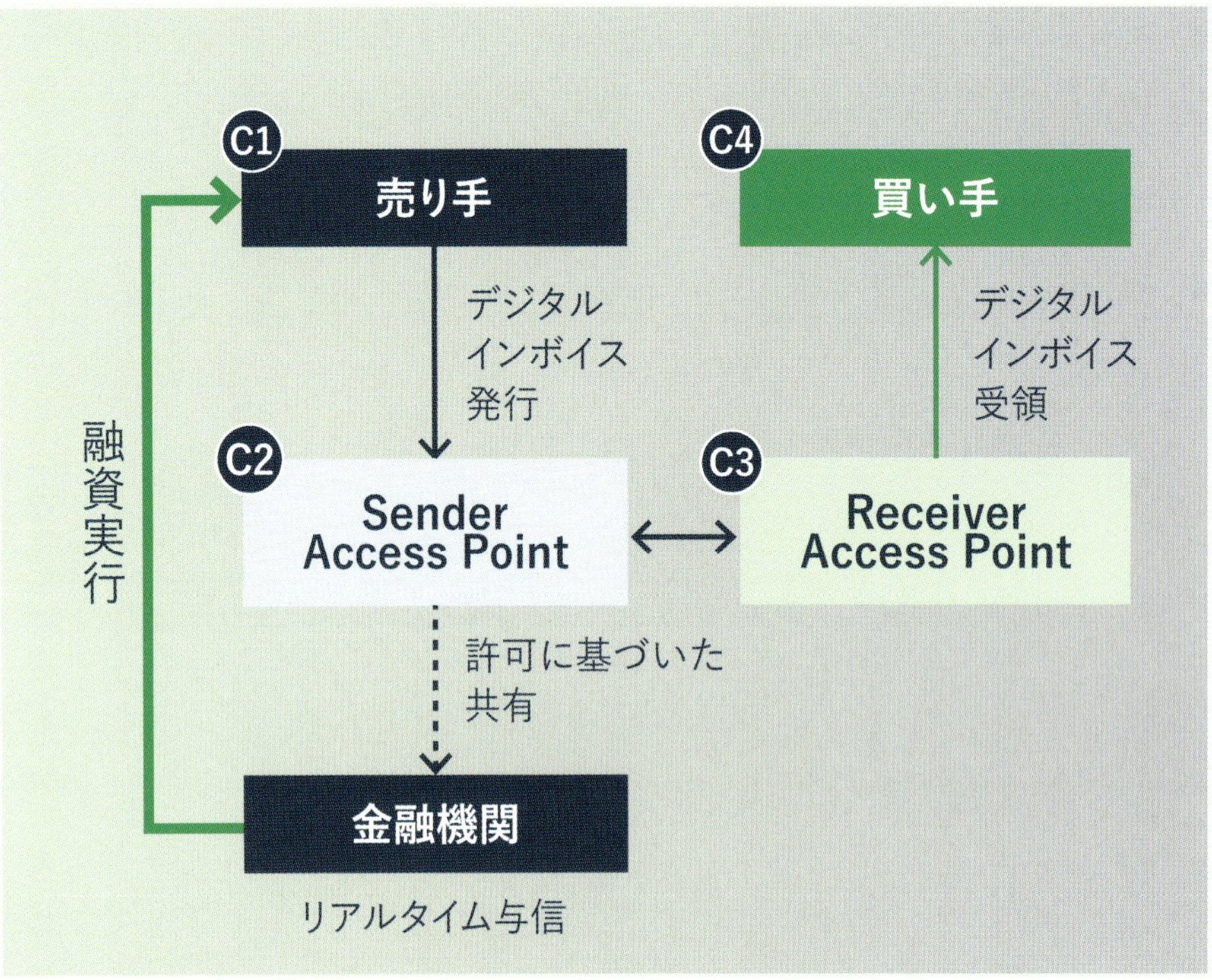

効率的な世界へ

The Future Brought by Peppol e-invoice

「オペレーションや不正にかかわるあらゆるリスクの抑制に」

認と自動審査が行われ、支払ってよい相手であるかが事前にスクリーニングされた状態で稟議の承認者に連携されます。そして、承認者が債務支払いの承認ボタンを押したのち、送金を担当するシステムに振込先情報が正確に自動入力され、銀行口座を預かる役職者が送金処理を承認することとなります。

この一連の仕組みでは、承認のボタンや承認時のパスワード入力を除いて、手入力の作業が発生しません。また、機械的に送金先を処理することで、二重払いや、詐欺的な請求に応じてしまうリスクが大幅に減ることになります。この過程で、会社のオペレーションリスクや不正リスクを抑制できていることは重要なポイントといえます。

そして、このようなデータが会計データに自動連携されることもまた、重要な統制コストの逓減につながります。従来であれば、請求データを手で加工した帳簿を税理士が確認し、最終的に財務の健全性を外部に示していた一連のプロセスは、より取引単位で処理ができ、タイムリーに外部に向けて示すことが可能となります。事業の根本ともいえる、売上データを透明性が高い形で示せる事で、信頼性確保に向けた様々な業務の工数を省略できるはずです。

このような透明性が高まる状況は、税務当局にとってもメリットであり、企業内にある様々な証憑データを簡単に確認できる状況は、無駄な調査を減らせる状況を創出できます。

ビジネスのスピードが加速

「〝出前〟の変化と同じクラウド上で一つの連絡手段を持つ」

効率化された世界を実現するために

このように、デジタルインボイスの普及は、企業にとって様々な形の恩恵をもたらします。そのためにも、現状は一部に留まる普及を進めていくことは社会的な課題といえます。

述べるまでもなく、デジタルインボイスでは多数の企業間の連携が不可欠です。1社だけがデジタル化するだけでは、デジタル化は起きません。例えば、片方が電話によるコミュニケーションを求めているのに、もう片方がLINEを使いたいと主張しても、双方が同意しなければ会話が成立しないように、デジタルインボイスも同様に、全体で取り組む必要があります。

普及に向けては、インボイス制度の更なるメリットや、使わないことのデメリットが際立っていくような社会のコンセンサス形成と、制度的な後押しが必要と考えています。それは税務当局だけでなく、例えば近年進みつつある銀行間送金の仕組みの改革など、複数の官庁が絡むものです。これらの要素が相互に作用することで、デジタルインボイスの普及が促進されるでしょう。全銀ネットの改革により、銀行間の送金手数料が安くなりました。このことは企業間の送金を頻繁に行うことを可能とします。場合によっては、月締めではなく、請求書を都度払いしていくことが社会の新たなあり方となることなども、デジタルインボイスと補完的に進む変化となります。

とはいえ、最大のメリットは、社会全体がデジタルインボイスを送りあう状況を創出できれば、例えば処理の待ち時間を減らせることで、ビジネスそのものがより高速に動くようになることといえます。出前の世界でも、従来は蕎麦屋に専属の運び手がいて、電話を受けて出前を行っていた世界から、多くのお店と配達員がクラウド上で一つの連絡手段を持つことで、なんにでも出前をお願いできる世界が実現しました【図表5】。一歩一歩、普通のデジタル化を実現するだけでも、ビジネスにおける大きな果実を見込める中で、その可能性の大きさは足元での普及努力に対して圧倒的なリターンがあるものではと考えています。

【図表5】

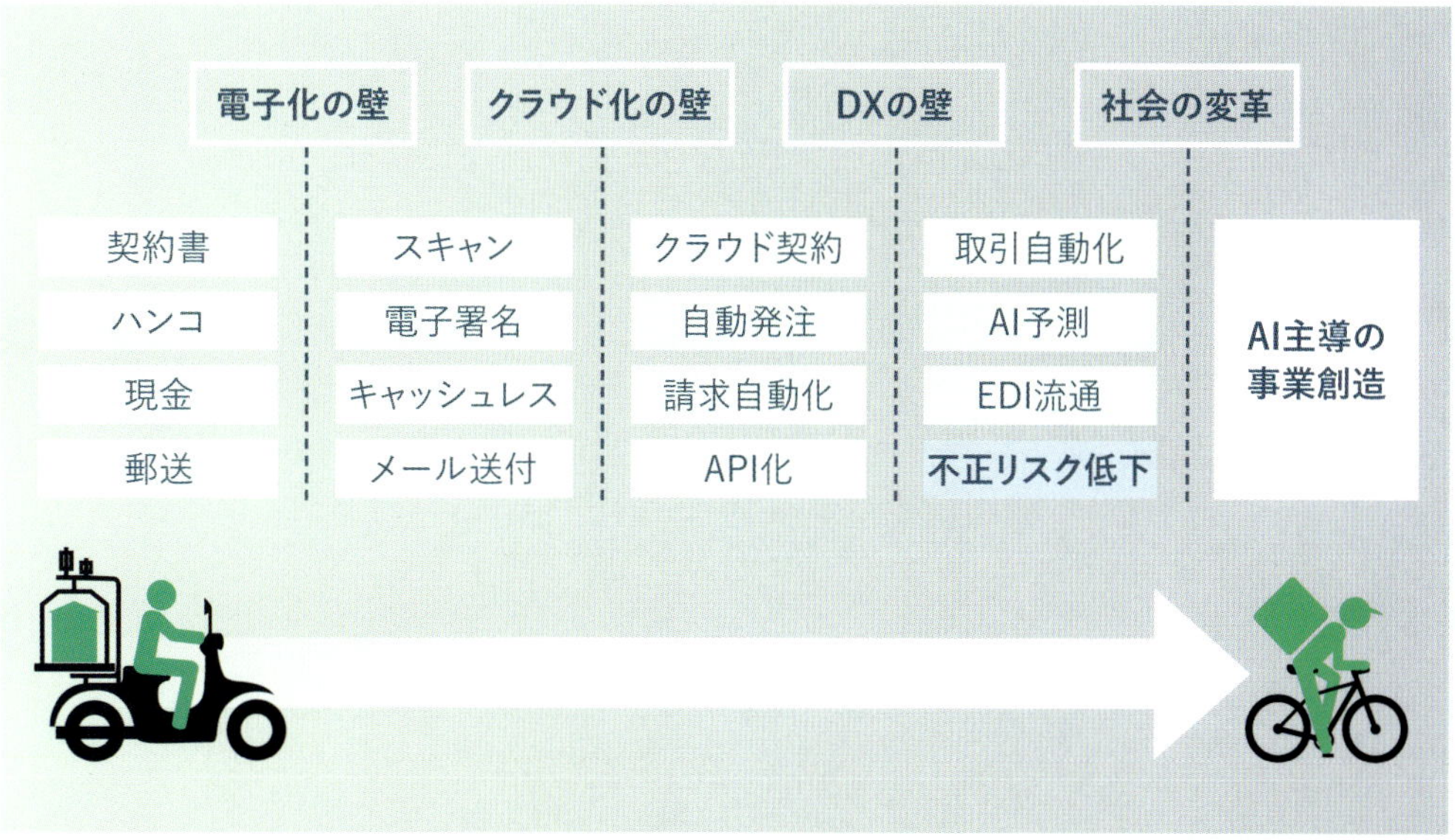

デジタルインボイス
海外での導入事例

Digital Invoice:
Case Studies of Overseas Implementation.

欧州における“electronic invoice”を取り巻く環境の変化

Atsuya Sugawara

欧州を中心に、諸外国ではB2B取引におけるe-invoiceの利用の義務化が急速に進められています。その背景には、もちろん、事業者のバックオフィス業務の効率化という目的があるのは事実ですが、それだけではありません。Tax Complianceを向上させるツールとしてのe-invoiceに注目が集まり始めています。日本企業の事業活動がグローバル化している状況を踏まえれば、そのようなe-invoiceの動きについて、「無関係」というわけにはいきません。そこで、Japan Peppol Authorityのメンバーとして欧州におけるOpenPeppolの活動にも参加している菅原氏（Triplo M's社）に、Japan Peppol Authorityの責任者として国内外でさまざまな活動をしているデジタル庁の加藤氏が、e-invoiceを取り巻く欧州の最新動向・変化について話を聞きました。

（話し手）
Managing Director /
Triplo M's S.A. (Switzerland)
菅原淳矢

コロナきっかけにデジタル化進む

——お久しぶりです。オンラインではたびたびお会いしますが、対面でお会いするのは5月末のPeppol Conference (Brussels, Belgium）以来ですね。

菅原　そうですね。そのあと、Peppol Conferenceでプレゼンいただいた"Good practice in Japan"の反響が大きく、さまざまな国・会社からコンタクトがあります。

——Japan Peppol Authorityとして、引き続き、発信は続けたいと思います。ところで、いまやTriplo M's社、菅原さんは"Peppol Community"のコアメンバーの1人となっていると思いますが、Peppolの世界に足を踏み入れたのはいつごろでしたか。

菅原　2021年6月にOpenPeppolから認定を受けたので、ちょうど3年が経過します。

——まさに、「コロナ禍」から「アフターコロナ」のタイミングでのことですね。日本では、コロナ禍に「デジタルインボイス」の機運が高まりました。欧州ではどうでしたか。

菅原　キャッシュレス決済が進んでいる欧州では、コロナ禍を1つのきっかけに"invoicing（請求業務）"のデジタル化に対する機運が高まりました。もともと、請求がVAT Invoiceをベースに成り立つ商慣行がありますので、

Peppol ConferenceでのTriplo M's社CTO（Mr.Feggi）によるプレゼンテーション

そのデジタル化による効率化への期待は日本よりも大きいかもしれません。Business efficiencyのためのツールとして〝electronic invoice〟が注目されるようになったということです。

――「電子化（Digitization）」ではなく、「デジタル化（Digitalization）」ということですね。そのうえで、欧州の場合、各国の「国内取引」のみならず「域内取引」でのInteroperabilityを確保する必要があるわけですよね。

菅原　それゆえ、そもそも〝electronic invoice〟とはどういうものなのかについて欧州各国で共通認識を持つ必要性がありました。もちろん、各国の法令では定義されているのですが、それでは域内の相互互換性を持ったデジタル化には十分ではありませんので。

――重要なポイントですね。付加価値税制に係るEU指令（VAT指令）にも〝electronic invoice〟の定義はありますよね。それを改正していく、そんなイメージですか。

菅原　そのとおりです。2022年12月、欧州委員会（European Commission）は、「VAT in the Digital Age」（ViDA）というドキュメントを作成・公表しました。そのなかで、現行のVAT指令における〝electronic invoice〟の定義の改正も提案しています。

デジタル化による効率化への期待は日本よりも大きい

Hiroyuki Kato

（聞き手）
デジタル庁国民向け
サービスグループ企画官
加藤博之

――どのような改正提案ですか。

菅原　シンプルにいえば、〝electronic invoice〟は「システムによる自動処理可能な構造化された請求データ」であるということです。非常に重要な改正提案です。このViDAが打ち出されたあと、さまざまな経済枠組みに係る外交交渉の場でも、〝e-invoice〟について、同様の定義を設けるよう議論が進んだと聞いています。

――おっしゃるとおり（笑）。私もtiny groupのメンバーとして、微力ながらもその活動に貢献していました。

菅原　ちなみにViDAは〝electronic invoice〟に対し、もう1つ大きなインパクトを与えています。

――興味深いですね。どのようなインパクトですか。

菅原　〝electronic invoice〟の定義を変えるだけでなく、そのツールとしての「目的」をも変えるインパクトがありました。そもそもViDAは、欧州各国の懸案事項である「VAT Gapの解消」や「Tax Complianceの向上」のための施策を盛り込んだドキュメントです。そのドキュメントのなかでは、欧州域

E-invoice Exchange Summit Singapore 2023への登壇（2023年12月）

ドイツ・ベルギーは B2Bの「環境」整備に着手

内でのクロスボーダー取引（欧州域内の各国間での取引）に係る「報告」（Tax reporting）の仕組みの義務化も提案されています。そして、そのTax reportingを実現させるツールとして"electronic invoice"の必要性・重要性が強調されています。

——つまり、"electronic invoice"の位置づけがBusiness efficiencyのためのツールから、Tax Compliance purposeに変わりつつあるということですね。非常にインパクトがある話ですね。欧州各国はその変化をどう受け止めているのですか。

菅原　イタリアはTax Complianceの向上を目的として、国内取引に係る請求情報を税務当局に報告させる仕組み（SdI, Sistema di Interscambio）を２０１９年１月から導入しています。ＳｄＩのもとでは、「売り手」に代わり税務当局が、「買い手」に対して承認したelectronic invoiceを提供します（Centralized Approach）。イタリアの税務当局によれば、年間22億件（２０２２年）の請求データが報告され、そのうち95％は「24時間以内」に承認され、「買い手」に提供されているとのことです。

国が事業者の対応負担を軽減

——ＳｄＩはユニークな仕組みですね。ＶｉＤＡが求めるのもＳｄＩと同様のTax reportingの仕組みですか。

菅原　東欧の一部の国でＳｄＩに類似する仕組みの導入が進められているようですが、ＳｄＩの仕組みはユニークだと思います。そのうえで、ＶｉＤＡが欧州域内のクロスボーダー取引に求めるTax reportingの仕組みは、ＳｄＩとは根本的に異なります。その差異は「『売り手』に代わり税務当局が『買い手』に対しelectronic invoiceを提供するか否か」の点です。ＶｉＤＡが求めるTax reportingの仕組みでは、税務当局が「売り手」に代わりelectronic invoiceを「買い手」に提供することはありません（Decentralized Approach）。

——重要なポイントですね。Decentralized Approachですと、税務当局は、「売り手」と「買い手」の間でのelectronic invoiceのやり取りにどこまでコミットすることになるのでしょうか。例えば、何もコミットしないということであれば「Tax reporting」にはelectronic invoiceで対応するものの、『買い手』には『紙』で提供する」なんてケースも生じるのではないでしょうか。

菅原　その懸念はあります。ゆえに、Centralized Approachの採用に際しては、同時にBusiness efficiencyを高め、かつ、事業者の対応負担を軽減することが重要になります。その点、ドイツやベルギーは「賢い」方針を打ち出しています。

——ドイツやベルギーはどのような方針を打ち出しているのですか。

菅原　まず、ドイツやベルギーは、Tax reporting導入のための具体的な方針は打ち出していません。他方、ドイツでは２０２５年１月１日から、ベルギーは２０２６年１月１日から、「売り手」と「買い手」間でのelectronic invoiceの段階的義務化を決定しています。将来、ＶｉＤＡが求めるTax reportingの導入を見据え、B2B取引の前提となる「環境」の整備に着手しているということです。その結果、「『売り手』と『買い手』でやり取りしているelectronic invoiceをTax Authorityに報告してください」ということとなり、Tax reportingに対応するための事業者の負担も相当程度軽減されることになります。

Atsuya Sugawara × Hiroyuki Kato

フィンランドState Treasuryとの意見交換（2024年5月）

——ドイツやベルギーにとってTax reportingは、新しい施策であり、かつ、その制度対応を考えたとき、事業者側からのプッシュバックも想定されるわけで、一定の「配慮」が重要になるというわけですね。ところで、その理屈を踏まえれば、欧州には1つ、非常に興味深い国があると思うのですが。

菅原　フィンランドですね。

——そう、フィンランドです（笑）。

構造化された請求データの利活用がデジタル化最初のマイルストーン

菅原淳矢
スガワラアツヤ
Managing Director /
Triplo M's S.A. (Switzerland)

東京大学農学部卒業。三井物産株式会社での職務経験のあと、欧州に拠点を移し、バイオ関連技術マーケティングに約20年携わる。2020年にITツール関連事業を立ち上げ、2022年よりJapan Peppol Authorityの一員として活動している。電子化とデジタル化の違いを説きながら、e-invoiceのツールも含め、ユーザー目線のメリットを大事にしたデジタルツールの提案、実証実験、提供などを国内外にて積極的に行っている。

菅原　フィンランドは、2000年代初めからelectronic invoiceの取組を始め、B2Gのみならず、B2Bにおいてもelectronic invoiceのやり取りが定着しています。その取り組みのイニシアティブを持つState Treasuryによれば、90％以上の国内取引においてelectronic invoiceでの請求が実現しているとのことです。

——フィンランドでは、ドイツやベルギーが整備しようとしている「環境」がすでに整っているわけですね。

菅原　そう考えることができます。今のところ（対談日：2024年7月17日）、フィンランドでは、Tax reportingの導入について具体的なアナウンスはありません。しかしながら、ViDAや各国の対応方針を踏まえ、早晩、アナウンスがあるのではと思っています。

——フィンランドの動きは注目ですね。導入までの動きもそうですが、むしろ導入後、Tax reportingがどう定着していくのか、とりわけDecentralized Approachの実効性や事業者のそれへの対応負担を見極める上でも、1つの「試金石」になるかもしれませんね。最後に、菅原さんがみる「欧州の将来」はどんな姿ですか。

菅原　総論としてですが、欧州らしい"Openness"（＝利用者の選択の自由）をよしとする考え方で、EDI（Electronic Data Interchange）のような3コーナーの囲いこみモデルから、Peppolの基本的な特徴でもあるフレキシブルな4コーナーモデルにシフトする流れがみえます。各国独自のTax Complianceに加え、欧州域内のクロスボーダー取引も考慮する特殊性があり、企業がこれらの変革をどうビジネスに取り込むのかは、市場の成熟度にもよると考えています。システムによる自動処理可能な構造化された請求データの利活用こそが臨機応変な対応を可能にする、すなわち、これがデジタル化の最初のマイルストーンであるという考えを持って、引き続き注視して参ります。

取材協力 | 株式会社ミロク情報サービス

デジタルインボイスを先導する企業に訊く 02

Ask the leading companies in digital invoicing

デジタルインボイスにより バックオフィスは次の世代へ

取締役最高技術責任者 製品開発・サポート本部長 髙田栄一 ／ 取締役常務執行役員 営業本部長 石川哲士

取材／伊藤あきら 撮影／木村雅章

電子請求書では 受信側の経理は楽にならない

2023年10月にインボイス制度、2024年1月には電子帳簿保存法が本格的に開始され、中小企業はその制度の理解も含め、今なお対応に追われている。株式会社ミロク情報サービス（以下、MJS）の取締役常務執行役員営業本部長の石川哲士氏によると大企業の経理のデジタル化は着実に進んでいるものの、中小企業については大きな変化が見られていないと話す。「PDFをはじめとした電子請求書は単純に保存すれば良いのではなく、タイムスタンプなど様々な保存要件を満たす必要があり、受信側は保存要件に対応しなければなりません。紙の請求書であればファイリングすれば良いだけですから、電子請求書へ移行するメリットがあるのは送信側であり、受信側にはそれほどメリットがないというのが企業側の本音でしょう」。実際、送られてきたPDFの請求書を紙に印刷してチェックする企業も多いという。そのような状況の中でデジタルインボイスが普及する可能性はあるのか。「平成16年に電子申告がはじまったとき、浸透は難しいと言われていました。しかし、現在はその利便性から法人は9割以上が電子申告に移行しており、もう電子申告がない状態には戻れません。デジタルインボイスもその利便性さえ認知されれば、必然的に普及していくと思います」。そう話すのはMJSの取締役最高技術責任者製品開発・サポート本部長の髙田栄一氏。「現在は、

●請求書を電子化しても受信側にはメリットがない

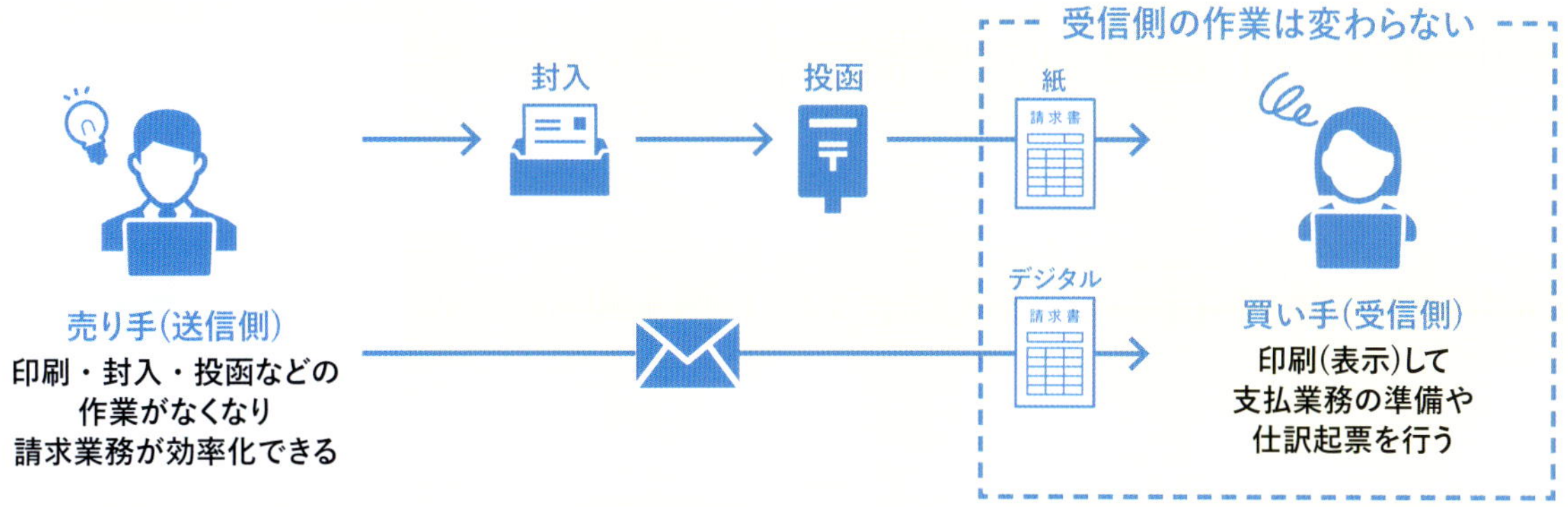

請求書をＡＩ-ＯＣＲ解析し仕訳の自動化に取り組んでいる企業も多く、結局受信側の経理担当者は楽になっていません。しかし、デジタルインボイスはフォーマットが統一されたＸＭＬデータです。例えば当社が提供しているEdge Tracker電子請求書とＡＩ仕訳を利用すれば、正確な仕訳が自動で生成されます。ペポルネットワークを通したデータは電帳法の保存要件も満たしているため、Edge Tracker電子請求書を導入すれば受信側の生産性向上に確実に寄与するのです」（髙田氏）。

送信側だけでなく受信側も含めた両者がメリットを享受できる、そこがデジタルインボイスの大きな特徴と言えるのだろう。

デジタル化の次の課題は帳簿チェック

デジタルインボイスの利便性として最も注目されているのが、データから直接起票される正確な自動仕訳だ。ＡＩ-ＯＣＲよりも詳細で正確に生成されるデジタルインボイスによる自動仕訳は業界でも注目度は高い。しかし、髙田氏はこの件について「送受信による自動仕訳がデジタルインボイスのゴールではない」と語る。「デジタルインボイスの最終的な領域は支払い、つまり債務管理にあります。全銀ネットが提供しているＺＥＤＩというデータ連携システムがあるのですが、これとペポルの基盤が繋がる「ＤＩ-ＺＥＤＩ」が始まります。これにより、請求から支払いまで全ての国内標準仕様となり、デジタルで繋がるようになるのです。デジタルインボイスの最終的なゴールはここにあります」。髙田氏によると請求から支払いまでをデジタル化することで、さらに一歩踏み込んだ企業のバックオフィス業務の効率化が期待できるという。

一方で石川氏は、デジタルインボイスの自動仕訳に触れながら、効率化の裏で新たに別の問題が発生していると指摘する。「確かにデジタルインボイスから作られる仕訳は正確ではありますが、それはあくまで相手が打ち込んだデータが正しいことが前提です。入力されている大元の数字が間違って送られてくる可能性は否定できません。ではどうしたら良いかというと、やはり人の目でチェックしなければならない。これはデジタルインボイスに限った話ではなくＡＩ-ＯＣＲも同じです。自動化が進む一方でこれまで以上に帳簿や会計データを精査する業務が求められるようになっているのです」。石川氏は自動化によって別の業務が増えてしまうのでは本末転倒だと話す。ＭＪＳでは「ＭＪＳ　ＡＩ監査支援」という帳簿チェックシステムを提供している。「このシステムを利用すれば担当者の経験や知識によらず効率的に帳

電子インボイス送受信
インボイス電子化対応サービス

Edge Tracker 電子請求書

電子インボイスおよびデジタルインボイスに対応するサービス。ご利用の販売管理、請求管理システムからデータをアップロードするだけで、簡単に電子請求書を発行することができる。

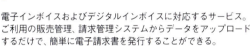

ＭＪＳは新たな技術と人で〝カスタマーサクセス〟を実現

●デジタルインボイスは送信側・受信側の双方にメリットがある

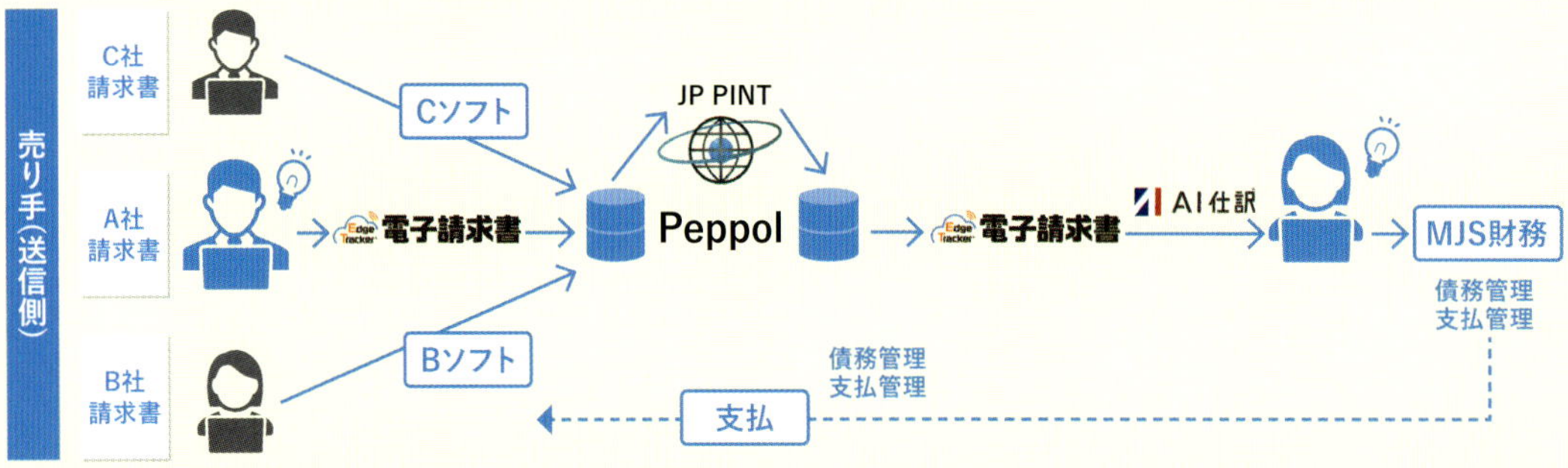

●送信処理・PDF形式の請求書

Edge Tracker 電子請求書

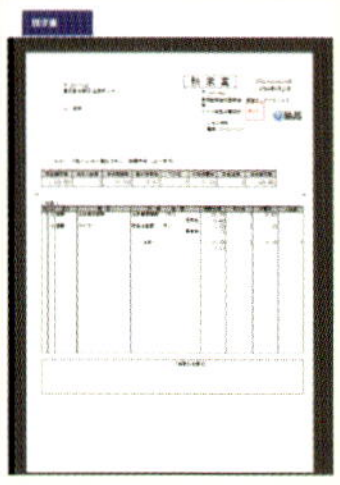

Edge Tracker電子請求書で受信したデジタルインボイスはAI仕訳を介して仕訳データに連携するだけでなく請求書形式で表示・ダウンロードが可能。従前の業務スタイルを継承しながらデジタル化を進めることができる。

簿を精査できます」そう石川氏は語る。「元帳を最初から全部遡りながら目視でチェックする作業はとても大変です。このシステムは税理士や大学教授を監修に入れており、５つの監査項目で残高の著増減や仕訳の重複チェック、さらにインボイス制度も含めた約60項目もの仕訳ルールに基づいて確認が必要な仕訳を検知します。また、ＡＩの学習機能により科目の誤りについても気付きを与える機能を搭載しています。これにより知識や経験に依らず誰でも一定のクオリティで帳簿の精査を平準的かつ効率的に行うことができるようになるのです」（石川氏）。デジタルインボイスが普及した世界を見据え、その先にある課題についてもすでに対応されているということだ。今後、会計事務所や企業経理は効率化により削減された時間を経営者のサポートへ費やすことになっていくのだろう。

ＩＴ人材育成を強化する

では今後、デジタルインボイスが普及していくために何が必要なのか。その答えを石川氏に尋ねると「デジタル化への理解」と返ってきた。「ＭＪＳでは２０２２年からオンラインセミナーを始め、ユーザーによるミロク会計人会と協業し、全国で積極的にデジタルインボイスの普及活動を行っています。しかし、そこでも〝紙ではダメですか？〟という声が多いのが現状です」と石川氏。デジタルインボイスは企業自ら導入する必要があるため、仕組みや利便性について理解を得られないなかで普及していくのは難しいと話す。

そのため、ＭＪＳでは顧客へのデジタル化サポートに向け、社員の育成に力を入れていると石川氏は話す。「当社ではＩＴコーディネータの資格取得支援をはじめ、お客様へのデジタル化サポートに向けた人材育成を積極的に展開しています。これまでもＩＴに関するソリューション提案は行っていましたが、今後はサポートではなく、カスタマーサクセスとして専門性の高い知識やノウハウを持ったＭＪＳの社員がお客様のニーズに応じたデジタル化をご提案します」（石川氏）。企業がデジタル化にスムーズに対応できるようサポート体制を強化している。

一方、高田氏は開発側のアプローチとして「意識させない」システム開発も重要だと話す。「私たちベンダー

電子帳簿保存法・インボイス制度に対応した 業務のデジタル化トータルソリューション

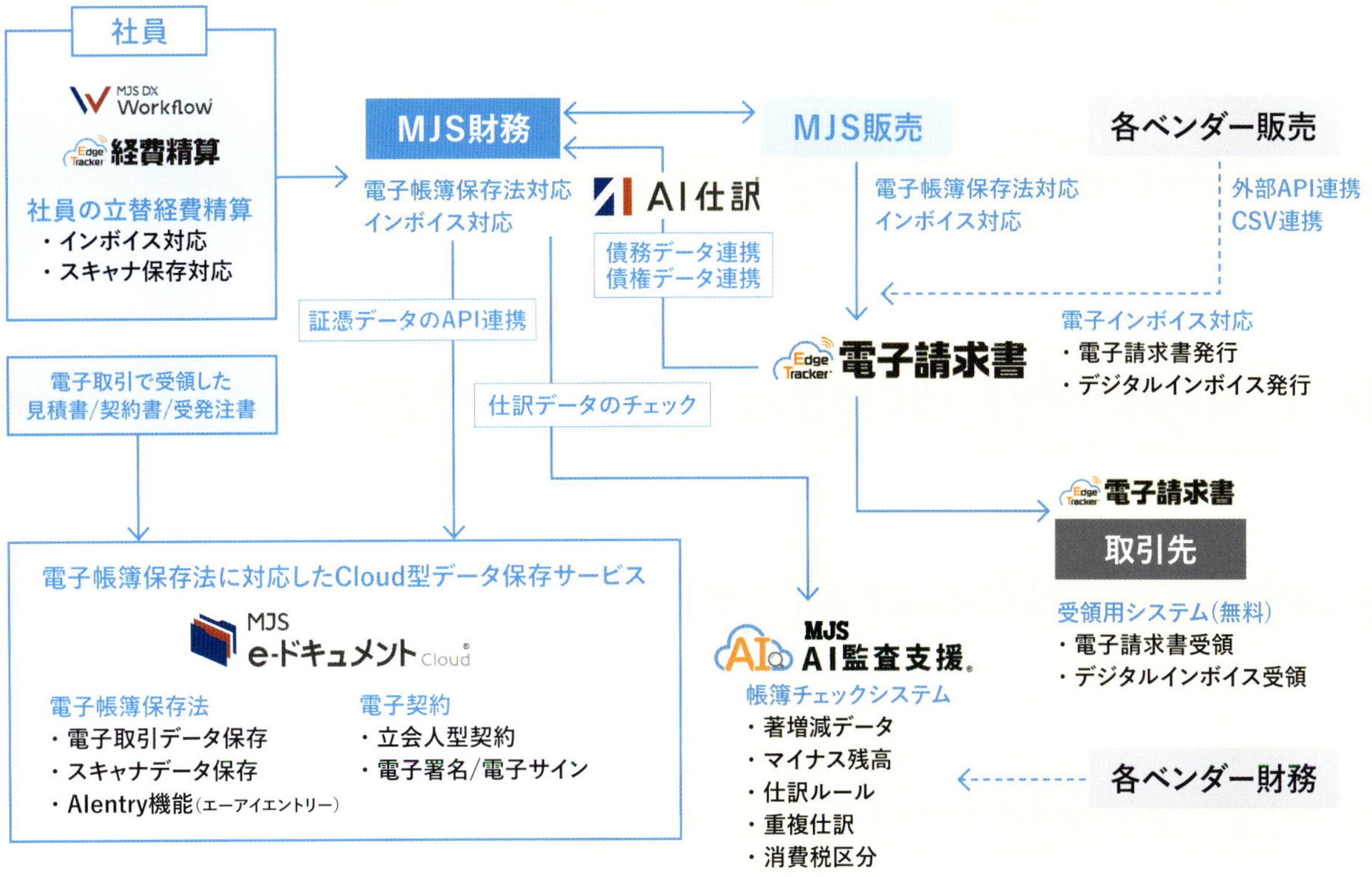

が普及のために目指すべきところは、企業が知らぬ間にデジタルインボイスの利便性を享受しているような形だと考えています。PDFやデジタルインボイスをあえて差別化せず、気づいたらデジタルインボイスを送受信して、支払いまでデジタル化されていた。ベンダーとしてこの〝意識させないでいつのまにか利用している〟そんなユーザビリティを持ったシステムを開発していければと考えております」（髙田氏）

「デジタルインボイスをはじめとする新たな技術でバックオフィスは次の世代に進んでいる。しかし、多くの企業は対応に苦悩する。MJSは新たな技術とそれをサポートする人材により、これからの企業と会計事務所のデジタル化に寄り添い伴走していく。

株式会社ミロク情報サービス

昭和53年（1977年）に設立。税理士・公認会計士事務所およびその顧問先企業向けの業務用アプリケーションソフトの開発・販売、汎用サーバー・パソコンの販売、サプライ用品の販売並びに保守サービスの提供、経営情報サービス、育成・研修サービス、コンサルティングサービス等の提供を行う。現在、8,400の会計事務所と約10万社の中堅・中小企業、小規模事業者のユーザーを有し、全国に広がる32の拠点網を活かした地域密着支援でお客様のDXを推進。

■営業時間　9:00～17:30（月-金）
■所在地　〒160-0004
東京都新宿区四谷4-29-1
■電話番号　03-5361-6369（代表）
■ウェブページ　https://www.mjs.co.jp/

Edge Tracker電子請求書
の詳細はこちらから

ITコーディネータ資格制度とは

特定非営利活動法人ITコーディネータ協会がITコーディネータを認定する制度。現在、約7,000名のITコーディネータ資格認定者が全国各地で活躍しており、企業の存続や成長を支えている。

MJSのITコーディネータとは

経済産業省推進資格である「ITコーディネータ」資格をもち、資格取得を通じて習熟したプロセスにもとづき、中小企業や中小零細企業の経営を効率化し、競争力を高めるためのパートナーとして、IT化/DXに関する支援サービスを提供している。

書面のインボイスとどう違う？

電子帳簿保存法との関連は？

&Aでわかる

ルインボイスに税務

週刊『税務通信』編

参考文献：国税庁ウェブサイト、デジタル庁ウェブサイト等

Q1 デジタルインボイスとは何ですか

デジタルインボイスとは

A デジタルインボイスとは、法令上明確な定義があるわけではありません。デジタル庁によれば「請求に係る情報を、売り手のシステムから、買い手のシステムに対し、人を介することなく、直接データ連携し、自動処理される仕組み」をいうとされています。

日本のデジタルインボイスの標準仕様（JP PINT）については、デジタル庁が公開しています。JP PINTは、消費税の適格請求書（インボイス）、仕入明細書及び区分記載請求書に対応した3種類が用意されています。

なお、インボイスの記載内容を単に電子データ化したものは、一般的に「電子インボイス」と呼ばれます。

Q デジタ
関する

令和5年10月1日から消費税の適格請求書等保存方式（「インボイス制度」）が始まり、令和6年1月1日からは電子帳簿等保存制度の「電子取引制度」が本格的にスタートしました。

インボイス制度や電子取引制度を契機に、DX（デジタル・トランスフォーメーション）を推進することにより経理業務の効率化に取り組む企業が目立ち、最近では「デジタルインボイス」といった言葉もよく見聞きするようになりました。

一方で「最近よく聞くけど、デジタルインボイスって何?」といったように、デジタルインボイスのことをよく知らない方がまだまだ多いように思われます。また、デジタルインボイスの利用に当たり、税務上の取扱いを気にする声もあります。

デジタルインボイスがどういったもので、税務上の取扱いがどうなるのか、その要点をQ&A形式でまとめました。皆さまの「デジタルインボイス」の理解が深まり、今後の経理業務のさらなる効率化への一助になれば幸いです。

なお、インボイス制度や電子帳簿等保存制度などの詳細な税務上の取扱いに関しては、週刊『税務通信』の記事で取り上げていますので、ぜひご一読ください。

Q&A on Digital Invoice and Taxation

Q2 デジタルインボイスを使うメリットを教えてください

A デジタルインボイスは、売り手のシステムから買い手のシステムに請求に係る情報の電子データが直接連携し、システム相互間で自動処理されます。

そのため、デジタルインボイスを受け取った買い手は、自社システムへの請求に係る情報の手入力などの事務作業の負担が軽減され、経理業務の効率化が期待されます。

また、デジタルインボイスを提供する売り手にとっても、書面のインボイスの発行に係る手間やコストが削減されます。さらに、売り手が提供した請求に係る情報の電子データと結びついた入金データの取得も可能であり、入金消込の自動化も実現できます。

Q3
デジタルインボイスを利用するにはどうしたらよいですか

A デジタルインボイスは、インターネット上のPeppolネットワークを介して、売り手と買い手のシステム間でやり取りが行われます。Peppolネットワークを利用するためには、ユーザーは、デジタル庁が認定したPeppol Certified Service Providerが提供するアクセスポイントサービス等を利用し、自らのシステムをPeppolネットワークに接続させる必要があります（下図）。

デジタルインボイスの仕組み（イメージ）

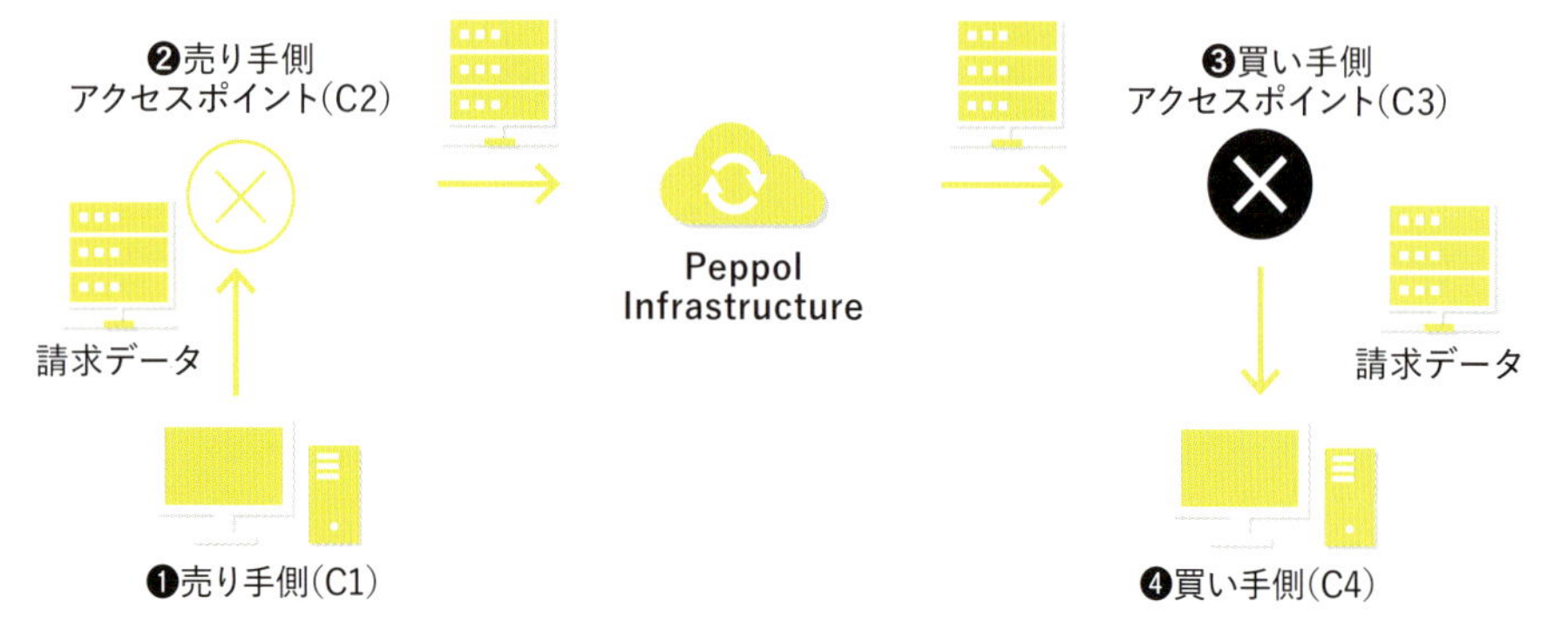

・ユーザー（売り手側）（C1）は、自らのアクセスポイント（C2）を通じ、Peppolネットワークに接続して、買い手側のアクセスポイント（C3）にインボイスデータセットを送信し、それが買い手側（C4）に届く仕組みです。
・その上で、売り手側（C1）や買い手側（C4）のシステム・マシンにより、そのインボイスデータセットが自動処理されます。

出典：デジタル庁ウェブサイト

デジタルインボイスと税務

Q4
デジタルインボイスと税務はどのように関係するのですか

A 売り手と買い手との間でやりとりされたデジタルインボイスの保存方法等については、税務上のルールがあります。消費税のインボイス制度と電子帳簿等保存制度の電子取引制度がデジタルインボイスに関係します。

デジタルインボイスと消費税のインボイス制度

Q5 デジタルインボイスと消費税のインボイス制度の関係を教えてください

A 令和5年10月1日に消費税のインボイス制度が導入されたことにより、売り手（インボイス発行事業者）は、買い手から求められた場合に、インボイスを交付する義務があります。また、売り手は、書面のインボイスを交付した場合、その写しを保存する必要があります。

一方、買い手が消費税の仕入税額控除＊の適用を受けるためには、原則、売り手から交付されたインボイスの保存が必要です。

書面のインボイスだけでなく、デジタルインボイスでも同様です。売り手は書面のインボイスに代えて、デジタルインボイスなどの電子データでインボイスを提供することも可能で、提供した電子データは保存する必要があります。

買い手は、原則、提供された電子データを保存することで、その取引に係る消費税の仕入税額控除の適用を受けることができます。

＊仕入税額控除…消費税の納税額の計算において、課税売上げに係る消費税額から課税仕入れに係る消費税額を差し引くこと。仕入税額控除の適用を受けることができない場合、その分の課税仕入れに係る消費税額を課税売上げに係る消費税額から差し引くことができないため、納付する消費税額が増えることになる。

Q6 書面のインボイスとデジタルインボイスで必要となる記載事項は違いますか

A 書面のインボイスとデジタルインボイスでは、売り手の「適格請求書発行事業者登録番号」などの法定の記載事項に違いはありません。単に形式が書面なのか、電子データなのかというだけで、インボイスの記載内容が異なるものではなく、同じ情報が必要となります。

デジタルインボイスに必要な記載事項（書面のインボイスと同じ内容）

① 電磁的記録を提供する適格請求書発行事業者の氏名又は名称及び登録番号
② 課税資産の譲渡等を行った年月日
③ 課税資産の譲渡等に係る資産又は役務の内容（課税資産の譲渡等が軽減対象課税資産の譲渡等である場合には、資産の内容及び軽減対象課税資産の譲渡等である旨）
④ 課税資産の譲渡等の税抜価額又は税込価額を税率ごとに区分して合計した金額及び適用税率
⑤ 税率ごとに区分した消費税額等
⑥ 電磁的記録の提供を受ける事業者の氏名又は名称

デジタルインボイスと電子帳簿等保存制度

Q7

デジタルインボイスはどのように保存する必要がありますか

A 売り手と買い手の双方において、デジタルインボイスを電子データのまま保存する場合には、取引の金額などの項目に応じて電子データを検索できることなど、電子帳簿保存法の『一定の要件』を満たす状態で保存することが必要です（一定の要件の詳細はQ10を参照ください）。

　一方、消費税の制度上では、電子データの状態で保存する方法のほか、電子データを書面に出力して保存する方法も認められています。ただし、整然とした形式及び明瞭な状態で書面に出力する必要があります。

Q8

デジタルインボイスと電子帳簿等保存制度の関係を教えてください

A 請求書などに通常記載される取引の金額などの取引情報を電子メールやクラウドサービスなどの電磁的方法で授受した場合には、電子帳簿保存法の適用を受ける「電子取引」に該当します。その取引情報については、電子帳簿保存法の一定の要件に基づき電子データで保存する必要があります。

　デジタルインボイスのやり取りは、この「電子取引」として、売り手と買い手の双方が、一定の要件に基づいて電子データで保存する必要があります。

Q9 デジタルインボイスはどれくらいの期間保存する必要がありますか

A 売り手と買い手がやりとりしたデジタルインボイスの電子データについては、原則7年間保存が必要となります。

Q10 デジタルインボイスを保存するための『一定の要件』とは何ですか

A デジタルインボイスの電子データの情報を表示できるディスプレイやプリンタ等を備え付ける必要があります（要件①）。また、電子データの改ざんを防止する観点から、電子データの訂正削除の防止に関する事務処理規程の策定・運用が必要です（要件②）。この事務処理規程のサンプルは、国税庁ウェブサイトに掲載されており、どなたでも入手できます。

さらに、保存する電子データについては原則、「日付・金額・取引先」の項目により検索できるようにしておくことが必要となります（要件③、「検索要件」）。具体的には、「（1）取引年月日その他の日付、取引金額及び取引先を検索の条件として設定することができること」、「（2）日付又は金額に係る記録項目については、その範囲を指定して条件を設定することができること」、「（3）二以上の任意の記録項目を組み合わせて条件を設定することができること」が「検索要件」となります。

ただし、税務調査の際に電子データのダウンロードの求めに応じることができるようにしている場合には、「検索要件」の（2）及び（3）の要件は不要となります。

デジタルインボイスを保存するための『一定の要件』の概要

要件①：ディスプレイやプリンタ等を備え付けること
要件②：電子データの訂正削除の防止に関する事務処理規程を策定し運用すること
要件③：電子データを「日付・金額・取引先」の項目で検索できること

＊要件②は電子データにタイムスタンプを付与するなど別の方法をとることもできます

Q11 『一定の要件』を満たすことが難しい場合はどうすればよいですか

A　一定の要件のうち、「検索要件」（Q10の要件③）については、税務調査の際に電子データのダウンロードの求めに応じることを前提に、「2年前の売上高が5000万円以下であること」、又は「電子データを出力した書面を、日付及び取引先ごとに整理された状態で提示等できるようにしていること」のいずれかに該当する場合には、「検索要件」を満たす必要がなくなります。

　また、システムの整備が間に合わないなど、一定の要件を満たすことができない「相当の理由」がある場合には、「税務調査の際に、電子データを出力した書面の提示等及び電子データのダウンロードの求めに応じることができるようにしていること」により、一定の要件の全て（Q10の要件①②③）を満たす必要がなくなる「猶予措置」の適用を受けることができます。

　「猶予措置」の適用にあたり、事前申請等の手続きは不要です。税務調査の際に、調査官から「相当の理由」について確認が行われた場合には、対応状況や今後の見通しなどを説明すればよいとされています。

Q12 『一定の要件』を満たしていない場合や電子データを破棄して出力した書面のみを保存している場合には何らかのペナルティがあるのですか

A　Q11のように「猶予措置」の適用を受けずに、一定の要件を満たさないで電子データを保存している場合や、電子データを破棄し出力した書面のみを保存している場合は、保存すべき電子データが正しく保存されているとはいえません。そのため、様々な税制上の優遇措置を受けることができる青色申告の承認の取消対象になり得ます。

　ただし、その取引が正しく記帳されて法人税等の確定申告にも反映されており、その取引情報の内容が確認できるような場合には、「直ちに青色申告の承認が取り消されることや、金銭の支出がなかったものとして経費性が認められないものではない」などとされています。

PART 2

デジタルインボイスで変わる バックオフィスと税理士業務

対談、事例でリアルがわかる

デジタル化の最先端に迫る

デジタルインボイスの基礎や将来の展望、導入方法はPART1で解説してきた。PART2では、デジタルインボイスで変わるバックオフィス業務や税理士事務所・会計事務所の現場から、デジタル化に順応するために必要な考え方やそのメリットについて取り上げる。

税理士・会計事務所の今

取材協力 | 株式会社ワークスアプリケーションズ

デジタルインボイスを先導する企業に訊く 03
Ask the leading companies in digital invoicing

大手企業の実情に寄り添い企業価値を高める

SaaS事業本部 執行役員 藤井信介 ／ デジタル社会推進本部 本部長 池本尚吾

取材／小林義崇　撮影／海老澤芳辰

大手企業特有の課題

大手企業向けＥＲＰ（統合基幹業務システム）『ＨＵＥ』シリーズを手がける、株式会社ワークスアプリケーションズ。同社は、デジタルインボイス対応の『ＨＵＥデジタルインボイス』を開発し、同社や他社の会計システムと連携して簡単に請求・支払業務を行えるサービスを提供している。

同社ＳａａＳ事業本部執行役員の藤井信介氏は、ユーザー企業を取り巻く状況について次のように説明する。

「私たちの主なターゲットは大手企業です。取引量が多く、複雑な業務フローを持つ大手企業のニーズに応えられるソリューションを、１９９６年の創業以来提供してきました。大手企業の経理業務の特徴は、取引先が多いがゆえに多様な請求書を受け取らざるをえない点にあります。紙やＰＤＦ、ＸＭＬデータなど形式はさまざまで、宛名の書き方なども異なるため、経理処理に手間がかかることが大きな課題となっていました」

ＨＵＥデジタルインボイスは、紙やＰＤＦなどさまざまな形式の請求書を一括で受け取り、自動で仕訳や会計処理を行うことができる。自社ＥＲＰとのシームレスな連携も可能で、経理担当の業務負荷を軽減できる。また日本企業特有の複雑な承認フローにも対応している点が大きな強みだ。

「企業ごとに異なる多段階承認や条件分岐にも柔軟に対応できるのは、長年ＥＲＰを提供してきた私たちならではの強みです。お客様の承認フローをシステムに無理矢理合わせていただくのではなく、既存の承認フローを維持し

※撮影場所「WeWork Hanzomon PREX South」

● HUEデジタルインボイスでのデジタル送受信のイメージ

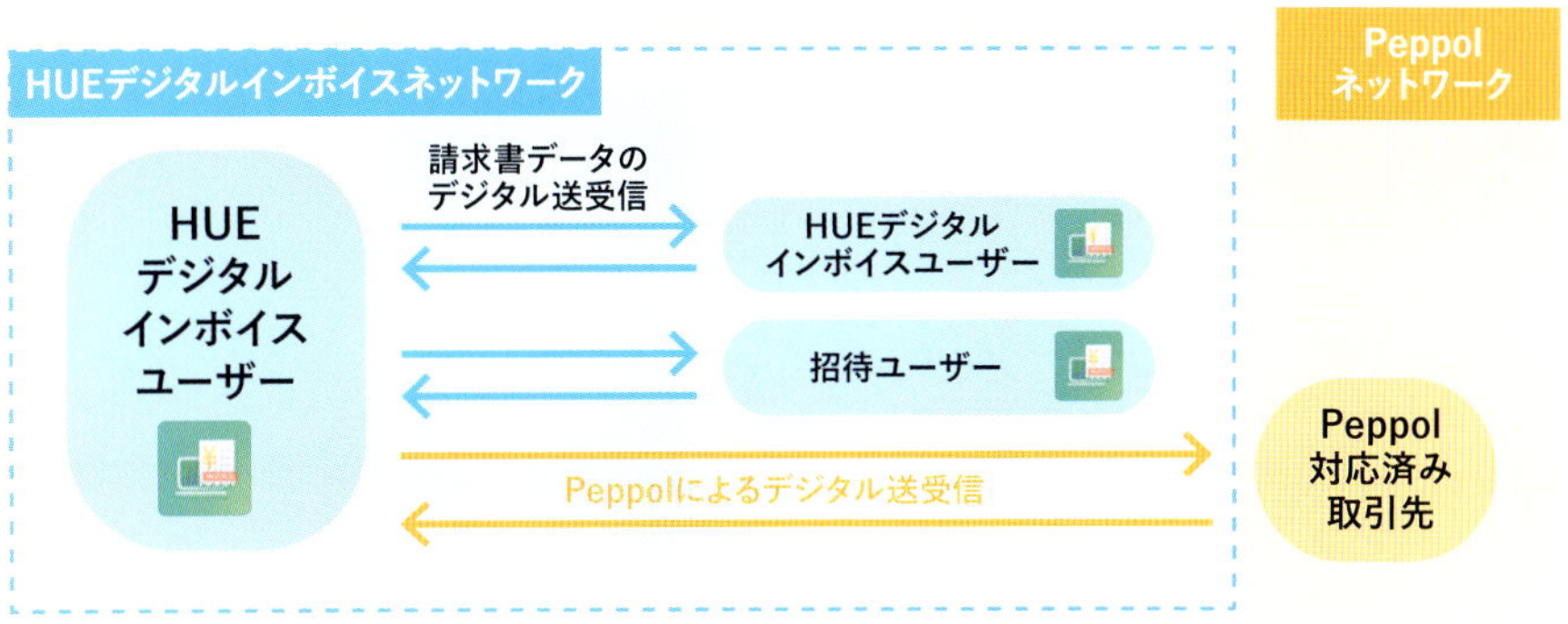

※招待ユーザーは送信・受信それぞれ最大2件まで無償利用可能

HUEデジタルインボイスはHUEデジタルインボイスユーザー同士の送受信はもちろん、取引先をHUEデジタルインボイスに招待することで、相手に負担をかけずに自社負担の削減、ペーパーレス化を実現できる。

HUEデジタルインボイスはワークスアプリケーションズのHUEシリーズの1つで、他シリーズとの連携も容易。

ながらも業務を効率化できます」と藤井氏は自信をのぞかせる。

今後の大手企業の課題として、国際取引への対応もますます重要となる。

「国際取引では、言語や法規制、商習慣などの違いから請求書のパターンがさらに複雑になります。デジタルインボイスの導入によって国際的な電子文書の標準規格である『Peppol』が普及することで、より効率的に国際取引が行える世界を見据えています」（藤井氏）

こうした課題解決の手段として、大手企業の間で急速にデジタルインボイスへの関心が高まっていると、同社デジタル社会推進本部本部長の池本尚吾氏はいう。

「今年4月に実施した調査では、大手企業のPeppolの認知度が非常に高くなっていました。昨年までは電子帳簿保存やインボイス制度への関心が強かったのですが、今は明らかに大手企業の関心がデジタルインボイスにシフトしていると感じます」

アナログから段階的にデジタル化

デジタルインボイスのメリットを最大限生かすには、請求書の授受など業務すべてをデジタル化することが望ましい。しかし現実的には、取引先すべてが一気にデジタル化できるわけではなく、自社がデジタル化を進めていても、取引先が引き続き紙の請求書を郵送する場合、業務効率化を十分に行えない可能性もある。

この課題について、同社は、デジタル化を段階的に推進するユニークなアプローチを採用している。

「お客様と話をしていると、ある程度はデジタル化が進んでいるものの、半分程度は旧来の業務が残っている状況です。これを一気にデジタル化することは難しいとしても、まずは7～8割のレベルに持っていきたい。ワークスアプリケーションズではBPO（業務委託）サービスを通じて、紙の請求書を業務支援センターで受け取り、電子化までの業務もサポートしています。お客様は取引先から引き続き紙の請求書を受け取りながらも、段階的にデジタル化を進めることができるのです」（池本氏）

興味深いのが、このBPOサービスの位置づけだ。

「デジタル化が進めば、BPOの需要は減っていくでしょう。しかし、それこそが私たちの目指す社会です。お客様のデジタル化を後押しし、より高度な業務効率化を実現することが私たちの使命だと考えています」（池本氏）

HUEデジタルインボイスでは、BPOによって紙による請求書などにも対応する方法のほか、取引先をHUEデジタルインボイスに招待することで、相手に費用を負担させることなく請求書を直接デジタルデータで発行できる。取引先がPeppol対応の請求書システムを利用していれば、取引先とともにコストを抑えて経理DX（デジタル・トランスフォーメーション）を実現することも可能だ。このように、企業ごとのデジタル化のフェーズに合わせて柔軟に運用プランを選べるのは、ユーザーとしてはうれしいポイントだ。

「すでにHUEを利用していただいている企業であれば、取引データなどのマスターをそのまま使用してスムーズにデジタルインボイスを導入できますし、そうでないお客様においても、請

導入意欲を高めるサービス展開が求められる

請求書受取・発行業務が直感的な操作感で行える点も特徴。請求書の受取代行からデータ化までHUEデジタルインボイス上で行えるため、テレワークやリモートワークなどの働き方も実現可能となる。

求書の受け取りから支払いまでのプロセスをデジタルインボイスを使って効率化いただけます。また、BPOだけでなく、Peppol化する際にも発生しがちな課題でもあるのですが、請求書が企業向けに届く際に、受け取り集約型になるため、現場とどう連携するかが課題になります。そちらの課題に対し、現場連携に関するサポートも可能ですし、さまざまな設定済みマスタを前提で入力制御や、承認フローを含んだ確認作業などの設定を組むこともできます。BPO化しつつ、社内運用と取引先様との連携を進めることで、BPO化からデジタルインボイス化まで、極力手戻りがないような導入が可能になります。また、将来的な話にはなりますが、営業などの現場の申請から経理処理、入出金、会計まで、すべてをワークスアプリケーションズの製品でカバーし、最終的に自動化の未来まで見える点は、私たちが掲げる最大の差別化要因です」(藤井氏)

日本企業の国際競争力を高めたい

　デジタルインボイスの普及には、異なるシステム間でも互いに請求書のやりとりができる相互運用性が重要だ。同社では、EIPA(電子インボイス推進協議会)の活動を通じて、業界全体のデジタル化推進にも積極的に取り組んでいる。

　2023年4月にG7デジタル・技術大臣会合に出展したのを皮切りに、2024年6月にはEIPAが主催する相互接続テストに参加。この際、23社による433通りの組み合わせでデータ送受信テストを実施し、相互運用性を確認した。

「今回のテストでは、大手企業に多く利用されているワークスアプリケーションズのソフトと、私たちと異なるターゲットに多く利用されている他社のソフトとも問題なく送受信できることが確認できました。業界全体でのデジタルインボイス普及に向けた大きな一歩だったといえるでしょう」(藤井氏)

　池本氏によると、HUEデジタルインボイスの機能改善は引き続き行われており、今後は、取引先にデジタルインボイスを導入するモチベーションを高めてもらうためのサービス展開を予定している。

「取引先に対して強制的にデジタルインボイスを導入してもらうやり方ではなく、きちんとメリットを感じていた

デジタルインボイス・デジタル化への取り組み

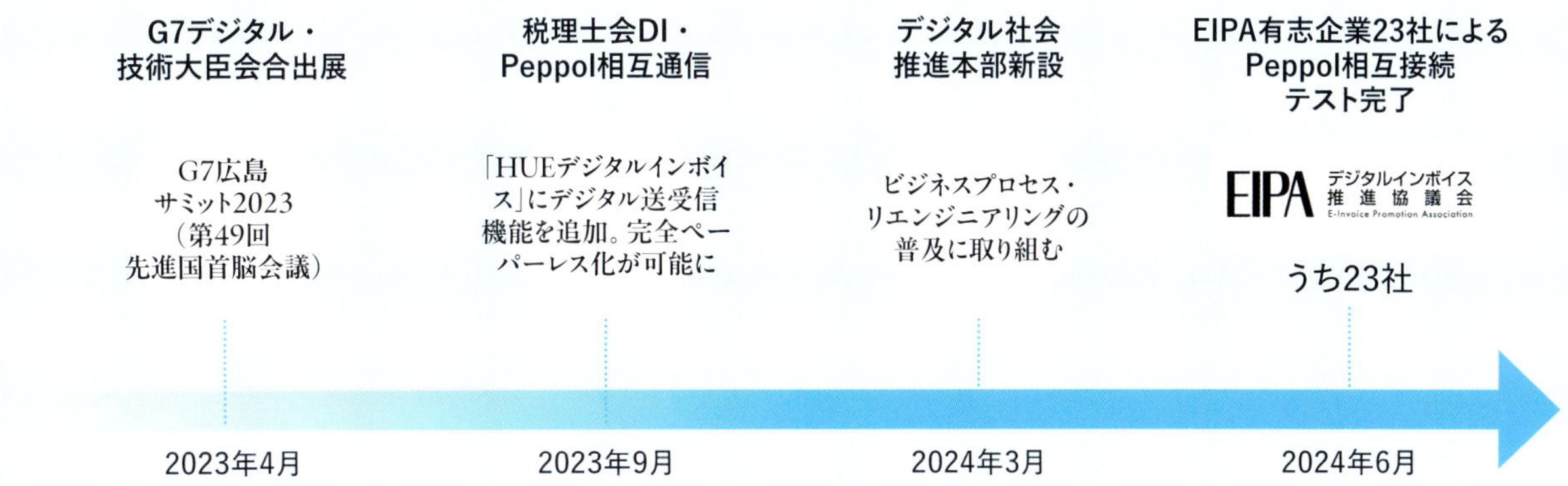

受取代行サービスでデジタル化をサポート

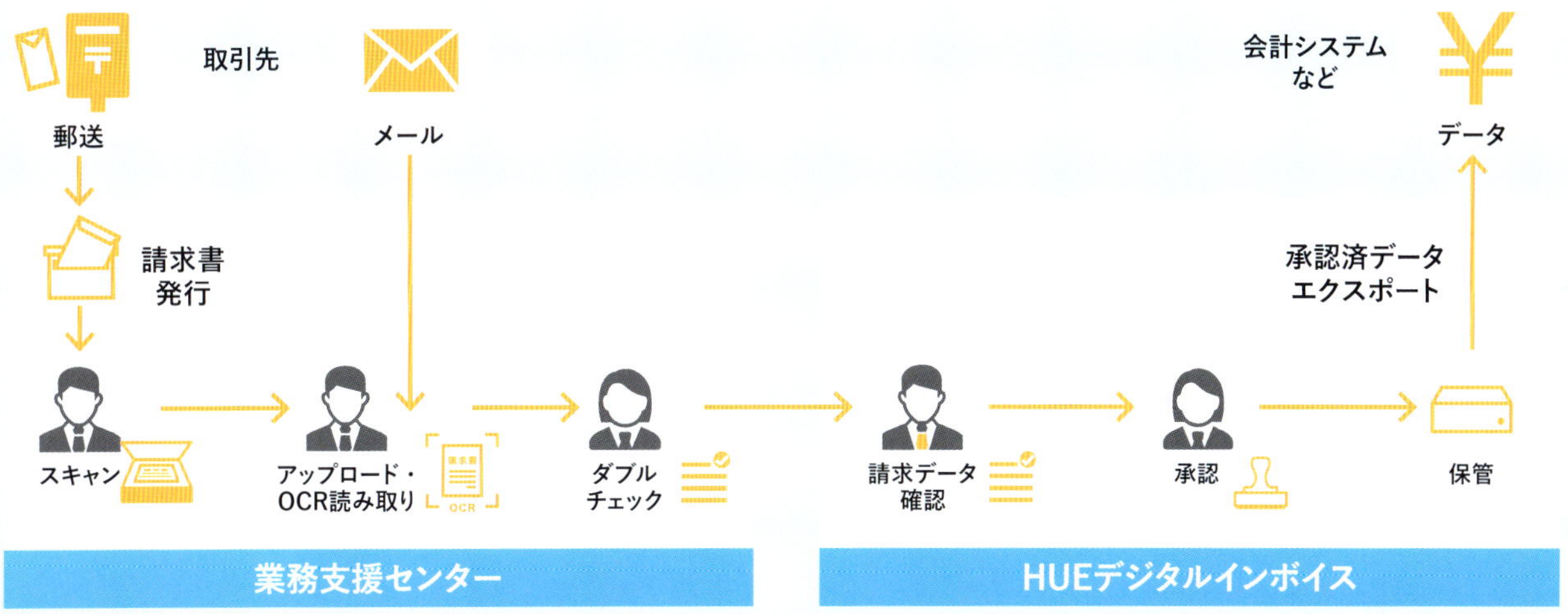

ワークスアプリケーションズの受取代行サービスでは、従来、郵送やメールで直接受けとっていた請求書を、業務支援センターで受け取ることにより、自社内で紙を扱う工程を削減できる。取引先のデジタル化を待たずに、かつ現場の負担も抑えながら、社内のデジタル化やペーパーレス化を実現可能だ。

だくことが大切です。そのために、取引先様向けの説明会や勉強会の開催などを通じて、日本全体で経理業務のデジタル化が進むよう、しっかり支援させていただきます」（池本氏）

１９９６年の創業当時から、日本企業の生産性を高め、企業価値を拡大するために同社は取り組んできた。デジタルインボイスなどのＩＴ（情報技術）の導入を積極的に推進するのは、この企業理念と結びついている。

「日本は少子高齢化による労働力不足という課題に直面しており、業務効率を高めることがますます重要になっています。これからも引き続き、私たちはＩＴ技術を活用するメリットについて、前のめりに日本社会に訴求していきます」（藤井氏）

ブラウザ要件

ディスプレイ解像度	（推奨）：1920 px × 1080 px
	（動作可能）：1280 px × 1024 px 以上 96DPI以上
ブラウザバージョン	Google Chrome 最新の安定バージョン
	Microsoft Edge 最新の安定バージョン
インターネット環境	必須

デジタル化と税理士業界の未来

デジタルインボイスの普及は、税理士業界にどのような影響を与えるのでしょうか。日本税理士会連合会デジタル・システム委員会の前委員長である岡崎拓郎氏と、現委員長の山口伸二氏が、現状と今後の可能性を語ります。

取材／小林義崇　撮影／海老澤芳辰

税理士
（日本税理士会連合会
デジタル・システム委員会委員長）
山口伸二 × 岡崎拓郎
税理士
（前 日本税理士会連合会
デジタル・システム委員会委員長）

税理士業界のデジタル化の現状

—まずは、岡崎先生と山口先生のご経歴からお聞かせください。

岡崎　元々デジタル系の人間ではなかったのですが、Windows95が出た時代に、顧客からの質問に対応するために勉強を始めました。その後、ITコーディネータ資格を取得するなどして、徐々にこの分野の深みに入っていきました。日税連でもデジタル関連の役目を与えられるようになり、2021年7月から2023年6月までデジタル・システム委員長を務めました。

山口　私が税理士業界に入った当時は、インターネットではなくパソコン通信の時代でした。OSもDOSを駆使して世界の課税環境を調査していました。その後、父の税理士事務所で働くことになり、職員を集めて会計ソフトや表計算ソフトの勉強会を開いていました。いくつかの会務を経験したのちに日税連の会務に携わるようになり、デジタル・システム委員会では委員から副委員長を経て、2023年7月から委員長を務めています。

　私が岡崎先生から引継ぎを受けるまでに、電子帳簿保存法の大改正があり、税理士法においてもICT化推進などの努力義務規定が盛り込まれましたね。岡崎先生は、税理士業務のあり方にいまどのような変化が起きていると思われますか？

岡崎　税理士業界ではデジタル化が叫ばれて久しいですが、現場ではまだそれほど大きな変化が起きているわけではありません。なかにはリモートワークを導入したり、固定電話をなくしたりと変化に対応している先生もいらっしゃいますが、まだ一部に限られている印象です。ただ、気がつくと多くの人がスマートフォンを使い始めたように、これから税理士業界全体に大きな変化が起きる兆しはあります。今すぐアナログの業務がすべてデジタル化されることはないにしても、夜明け前という感じがしますね。

山口　同感です。現状は、制度改正に対する理解もまだ十分ではなく、たとえば電帳法の改正においては電子データ保存が義務化される範囲について誤解が見られます。しかしこうした問題も、いずれ法改正に対応した使いやすいシステムが普及すれば解決していくでしょうし、気がつけば電子データでの帳票保存が自然と行われるようになると思います。

システムが普及を後押し

山口　電帳法改正への対応とともに、デジタルインボイスの導入も徐々に進みつつありますが、今後どのような影響が見込まれるでしょうか？

岡崎　私が委員長をしていた頃は、シ

●デジタル化に関連するトピック

2021年	
6月	税務行政のデジタル・トランスフォーメーション－税務行政の将来像2.0公表
7月	**岡崎前委員長就任**
9月	デジタル社会形成基本法施行
10月	適格請求書発行事業者の登録申請の受付開始
2022年	
1月	電子帳簿保存法改正
4月	税理士法改正 ・税理士業務のICT化推進の明確化 ・電子記録媒体の見直し ・事務所規定の見直し（2023年4月施行）
4月	税務調査や滞納整理に求められた書類（調査関係書類）のe-Taxによる提出が可能に（PDF）
7月	**情報システム委員会から、デジタル・システム委員会へ名称を改正**
9月	パソコンだけでなくスマートフォンやタブレットで、電子納税証明書（PDF）の請求から取得まで可能に
12月	バーコード納付提供開始
2023年	
1月	個人向けe-Taxの機能拡充
5月	インボイス制度施行
6月	税務行政のデジタル・トランスフォーメーション －税務行政の将来像2023－公表
7月	**岡崎前委員長退任**
8月	**山口現委員長就任**
9月	法人向けe-Taxマイページ提供開始
10月	年末調整にて、小規模企業共済等掛金の控除証明書のデータ提出が可能に
2024年	
1月	帳簿・書類の電子保存義務化（電子帳簿保存法）
2月	**全国15の税理士会にてデジタル相談室設置**
4月	e-Taxで電子申告を行う際に、納税についてダイレクト納付で行う意思表示を行うことで、改めて納付指図等を行うことなく、法定納期限に自動で口座引落しを行えるように

「機械にできることは機械に任せ、人間はより付加価値の高い業務に注力できるようになるはずです」

山口伸二
平成6年9月税理士登録。東京地方税理士会副会長、日本税理士会連合会常務理事(デジタル・システム委員長)、地方税共同機構 地方税における電子化の推進に関する検討会委員、一般社団法人ITコーディネータ協会 評議員、電子認証局会議 理事。
事務所名:税理士法人山口税務会計事務所/事務所在地:横浜市

使いやすいシステムの登場で、デジタル化は自然と波及する

ステム面などのインフラが整っておらず、電子データ保存やデジタルインボイスを独力で導入できる状態ではありませんでした。当時は法制度を担う関係官庁に現場の状況を伝えるとともに、いろいろなベンダーに対して、「もっと使いやすいシステムにしてもらいたい」と繰り返し要望を出していたものです。しかし、今はベンダー各社の開発が進んだことで簡単に、コストもほとんどかけずに電子データ保存を実装できるシステムが次々登場しています。デジタルインボイスへの対応も同様で、まさにいま、ベンダー各社で機能改善が進んでいるところです。

今後、税理士業務のデジタル化が進み、デジタルインボイスが普及すれば、中小企業のバックオフィス業務や税理士業務は劇的に変わると思います。記帳や入金消込といった機械にできることは機械に任せ、人間はより付加価値の高い業務に注力できるようになるはずです。

—デジタルインボイスの動きについていくために、税理士としてどう備えておけばいいのでしょうか?

岡崎　デジタルインボイスの仕組み自体を学ぶ必要はほぼありません。なぜなら、デジタルインボイスにきちんと対応したシステムを選べば、それで問題ないからです。先ほど山口先生がおっしゃった、電帳法の改正に対応したシステムを使えば、自然とルールに沿った運用を行えるのと同じです。

たとえば請求書を発行するとき、デジタルインボイスで発送するためのボタンが表示されるシステムが実際に出ているのですが、こうした使いやすいUI(ユーザーインターフェース)が広まれば、デジタルインボイスは一気に普及していくと思います。

山口　私が税理士会の支部などでお話させていただく際、「デジタルインボイスが普及すれば、電子データ保存が自動的に行われる世界が実現します。難しい作業は機械がやってくれるので、業務の変化についていけなくなるといった心配は必要ありません」と説明してきました。最初は新しいシステムを使うのに躊躇するかもしれませんが、少しずつでも触ってみてほしいですね。できることからデジタル化を試してみて、何か疑問点が出てきたら各税理士会のデジタル相談室をご活用いただければと思います。

人間を幸福にするためのツール

—ありがとうございます。最後に、今後に向けてメッセージをお願いいたします。

岡崎　デジタル化には「大きな組織のため」というイメージがあるかもしれませんが、本当は小規模な事業者のほうが恩恵は大きい。私もリモート会議の便利さを常々感じていますが、スタッフ10名弱程度の税理士事務所であれば、クラウドで帳票などのデータを管理できる業務ツールを導入すると、効率の違いを実感できると思います。い

「今すぐアナログの業務がすべてデジタル化されることはないにしても、夜明け前という感じがしますね」

岡崎拓郎
平成12年10月税理士登録。税理士(名古屋税理士会所属)。前日本税理士会連合会デジタル・システム委員長、前名古屋税理士会情報システム委員長
ITコーディネータ MCSC(Microsoft Certified System Coordinator)
経営情報学会会員、日本情報経営学会会員
事務所名:岡崎拓郎税理士事務所
事務所所在地:名古屋市

Special Interview

税理士 **山口伸二** × 税理士 **岡崎拓郎**

まはまだ、請求書情報が正しく入力されているかをベテランの税理士が突合しなければならない場面もありますが、デジタルインボイスを導入すれば突合作業も簡単かつ正確に行えるようになります。人材不足の時代ですから、デジタルの力で業務を効率化してコストを抑えることは、税理士や中小企業の経営課題の解決に役立つはずです。

山口　私はかねてより、デジタルは「人間を幸福にするためのツール」であるべきと考えてきました。誰かに強いられてデジタル化を進めるのではなく、自発的に、たとえば時間や人材不足のためにこれまで注力できなかった業務に人間の力を使うため、デジタルを活用してもらいたいと思います。デジタルツールによって、税理士もクライアントも幸福になり、その幸福が世の中全体に波及していく。そんなポジティブなイメージを描いています。

残念ながら、デジタル化への抵抗感から廃業を考えてしまう税理士の方もいらっしゃいます。そのようなことは決してあってはなりません。我々デジタル・システム委員会としても、できる限りサポートさせていただきたいと考えています。今後も、使い勝手の良いシステムやルールができるよう、草の根で働きかけを行い、環境整備に努めてまいります。

日本税理士会連合会

税理士の使命及び職責にかんがみ、税理士の義務の遵守及び税理士業務の改善進歩に資するため、税理士会及びその会員に対する指導、連絡及び監督に関する事務を行い、並びに税理士の登録に関する事務を行うことを目的として、税理士法で設立が義務づけられている法人です。全国15の税理士会で構成されています。

●所在地
〒141-0032
東京都品川区大崎1-11-8
日本税理士会館8階

●ウェブページ
https://www.nichizeiren.or.jp/

●電話番号
03-5435-0931(代表)

デジタル・システム委員会

日本税理士会連合会の中に設けられた委員会の一つ。会員である税理士を対象に、業務の情報化に関する事項、情報ネットワークの構築・運営に関する事項のほか、e-Tax(国税の電子申告・納税システム)への対応などについて検討しています。

■デジタル・システム委員会の取り組み
●電子申告に関する要望事項
https://www.nichizeiren.or.jp/nichizeiren/proposal/other/

●税理士のための電子申告Q&A
https://www.nichizeiren.or.jp/taxaccount/auth/faq/

「お客様のデジタル化推進のためには我々が先駆けて実践することが重要」

電子化成功の秘密を探る
Case Study: Digitalization of an Accounting Firm Actus Tax Corporation

会計事務所のデジタル化事例

取材協力／アクタス税理士法人

デジタルインボイス対応に向けて、会計事務所でも準備が進んでいる。いち早くDXに取り組んできたアクタス税理士法人では、普及の鍵が「利便性や補助金制度の周知」にあると判断。社内でデジタルインボイスの利用環境を整えた上で、過去に取り組んできたペーパーレス化などの知見を活かしながら、顧客の経理業務をDXさせるために自身の経験を活かしたアドバイスや支援を行っている。

取材／笠木渉太　撮影／木村雅章

DXで作業効率を改善する

デジタルインボイスへの対応には、業務のデジタル化が欠かせない。アクタス税理士法人では2021年からペーパーレスやフリーアドレスの導入を進めてきた。「デジタル化の一番の課題は、紙の多さでした」（飯塚氏）

当時、同社も他事務所と同様に多くの書類を紙媒体で管理していた。しかし、顧客や従業員数が増えるにつれて書類の量も膨大となり、保管場所にも課題を感じていたという。また、書類の承認や過去資料の閲覧にも時間がかかっていた。

「業務効率や働き方の改善に向け、フレックスやフリーアドレスの導入もかねてより検討していたのですが、ほとんどの業務を紙ベースで行っていたのもあり、なかなか実行に移せませんでした。そこで、オフィスの転居を機に全体の7割近い書類を電子化しました。部署にもよりますが、長いところだと半年ほどかかりましたね」（飯塚氏）

書類の電子化により、オフィスの大

アクタス税理士法人が抱えていた課題と電子化の効果

課題		効果
資料の保管コストが膨大	→	1フロア分保管場所を削減
作業や確認に時間がかかる	→	データ共有でチェックも迅速に。ヒューマンエラーの解消にも
書類の記入や稟議のために出社が不可欠	→	フリーアドレスやテレワークで働き方改善

資料の電子化により解決！

紙の資料を最低限にし、オフィスをスリム化

引っ越しを機にペーパーレス化のプロジェクトを結成。会社全体では約半年、部門によっては2カ月間で、ロッカーや倉庫に収納していた書類の約7割を処分した。以前は圧迫感のあったロングキャビネットが不要となり、フロアの見た目もすっきり。オフィスの省スペース化に寄与している。

書類はタブレットで確認

申告書は電子データで管理し、タブレットで確認している。書類は基本持ち出し禁止だったため、以前は物理的に不可能だったテレワークも実現。コロナ禍にあって、いち早く在宅勤務に対応できた。

部分を占めていたロッカーを削減。書類置き場として借りていた倉庫も解約し、賃料コストの削減につながった。社内での情報共有や検索の時間も大幅に減り、迅速な顧客対応も可能となった。

「紙から解放されたことで、働き方改革も大きく進みました。本来業務の時間をより多く確保できるようになったほか、採用面でも、働く場所を自分自身で選べる環境が強みになっているようです。デジタル化のように、中長期に渡る取り組みの成果を正確に見積もるのは簡単ではありませんが、顧客満足度の向上として効果が出ていると実感しています」（坂本氏）

申告書を読み込みタブレットで申告している例は業界でも数少ない。このような先進的な取り組みはデジタルインボイス導入の下地にもなっている。

「以前は従業員からも、成果物を紙で確認したいという声があがっていました。デジタル技術に対するアレルギー反応のようなものがあったのだと思います。しかし、利便性を共有するうちに、当たり前として受け入れられるようになりました」（飯塚氏）

アクタス税理士法人ではほかにも、生産性を向上させるRPA（ロボティック・プロセス・オートメーション）も稼働しており、今後はAI（人工知能）の活用も視野に入れているそうだ。

人間が関わる請求業務は確認だけになる

請求書にかかる工数を削減

これまでも業界最先端ともいえるデジタル化に取り組んできたアクタス税理士法人。同社はデジタルインボイス導入による、さらなる業務改善を見込んでいる。

「デジタルインボイスにより請求書情報の入力が自動化されれば、経理担当の業務は格段に省略されるでしょう。全銀EDIシステム（ZEDI）と連携することで、債権管理データの突合もなくなります」（飯塚氏）

インボイス制度の開始以降、受領する請求書が適格請求書のフォーマットを満たしているかどうかの確認も必要となった。デジタルインボイスへ移行すれば、その作業も不要となる。

「将来的に、人間が携わる請求書業務は確認だけになるはずです。ビジネス全体で、経理業務を外注すること自体がなくなるかもしれません。アクタス税理士法人では経理のアウトソーシングも承っていますが、その分のリソースを別に回せるようになる。具体的には、経営改善には何をすべきかといった財務分析や経営戦略の策定といった、より付加価値の高いサービスを、会計事務所は提供していくのではないでしょうか」（飯塚氏）

「デジタルインボイス導入による恩恵は直接的なものに限りません。業務効率の改善による対応までの時間短縮や、お客様に提出する資料の質の向上などで、ビジネスパートナーとしての存在感をより強めていけると考えています」（坂本氏）

顧客の獲得や定着の面でも、デジタルインボイスへの対応は一つのアピールポイントになると分析する。しかし、業界の先頭となってデジタル化を進めてきたアクタス税理士法人においても、足下では電子インボイスの活用に留まっており、今後の本格的なデジタルインボイス普及に備えている状況だ。

普及にはDX支援が不可欠

デジタルインボイスは発行する側よりも、受け取る側にとってのメリットが大きい。恩恵を最大限享受するには、関連企業全体で利用環境を整える必要があるため、税理士が顧客に対して利便性を発信していくことが重要だと考える。

「各企業は電子帳簿保存法とインボイスの対応がようやく一段落したところ。さらにデジタルインボイスを、となってもなかなか受け入れてもらえないでしょう。また、中小企業の多くは導入時のコストも気にされます。利便性や補助金制度の周知を徹底しないと、定着は難しいのではないでしょうか」（坂本氏）

一方で、スキャン代行サービスやOCR（光学文字認識）の進歩、公共事

この先5年のDX戦略

1. **「税務×労務×IT」の総合力によるワンストップソリューションの提供**
部門を超えて、顧客・ナレッジ・人材データを活用し、顧客に的確なアドバイスとワンストップサービスを提供します。

2. **デジタル教育の促進とデジタル技術の積極的な活用**
社員のデジタルスキル向上に努め、継続的な業務改善を行います。これにより、社内の生産性を高めると共に、顧客へのサービス品質も向上させます。

3. **顧客の業務効率化とデジタル化支援**
BPOやコンサルティングを通じて顧客の業務効率化を図ります。また、IT活用による法改正対応などを支援することで、顧客のデジタル化を促進します。

4. **顧客や協業パートナーとの共創とコラボレーション**
顧客や他企業とのパートナーシップを積極的に築き、新たなビジネス機会の探究と新しい価値の創出を目指します。

5. **柔軟な働き方の推進とワークライフバランスの実現**
従業員の柔軟な働き方を支援し、ワークライフバランスの実現を通じて生産性を向上させます。

6. **サイバーセキュリティリスクに対する適切な対応**
新たなビジネス開発や社内の生産性向上への取り組みに関しては、その前提となるサイバーセキュリティリスク対策を適切に行います。

自身の経験から顧客のDXを税理士が支援

業でのデジタルインボイスの利用必須化など、明確なアドバンテージが発生すれば普及も一気に進むだろうとも見立てている。

もちろん、自社のデジタルインボイス活用に向けた取引先へのアプローチも欠かせない。アクタス税理士法人では業務の一環として、経理業務周りのデジタル化の支援も行う。

「デジタル化が進んでいない企業に対して、一足飛びにデジタルインボイスを導入してもらうのは簡単ではありません。まずは会計ソフトのクラウド化から始め、それから管理業務の効率化や電子インボイスへの対応、最後にデジタルインボイスと、お客様の状況に合わせて提案していくことが大切です。アクタス税理士法人ではDX推進室を設立し、自社、そしてお客様のデジタル化をサポートする人材の育成、配置も進めています」（坂本氏）

また、顧客に先駆けて自分たちがデジタルインボイスを活用していくことも、普及のために会計事務所ができることだと語る。

「お客様にデジタルツールを勧めるためには、わかりやすい解説と使用した人間の体験談の2つが重要です。まずは自分たちが、デジタルインボイスに慣れることから始めなくてはなりません。これはDX全般にいえることですが、導入後の6カ月がもっとも不平不満の上がる時期。この期間を乗り越えるためにも、現場目線でシステムを選定し、親和性の高い部署から段階的に導入していく必要があります。大切なのは利用を強制するのではなく、便利だから自然に使われる状態をめざすことです」（飯塚氏）

デジタルインボイスの導入・普及に向けて会計事務所が準備すべき3つのポイント

①業務のデジタル化促進

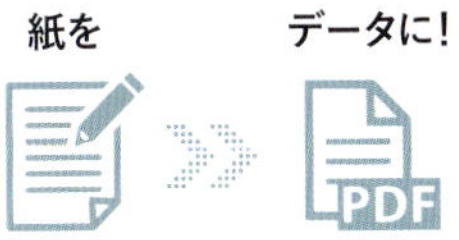

書類を印刷して確認・管理するのをやめて、既にある書類はスキャンしてデータ化。情報をネットでやり取りする環境を整える。

②デジタル化人材の育成

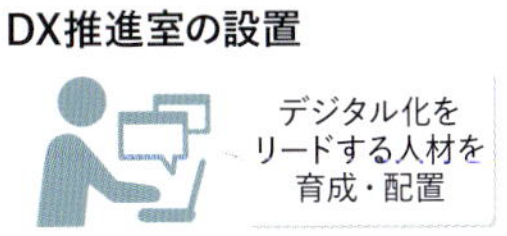

トップダウンだけでなく、現場からもDXを推進できるように、社内の部門ごとにITツールの導入などを促進できる人材を育成する。

③顧客のデジタル化をサポート

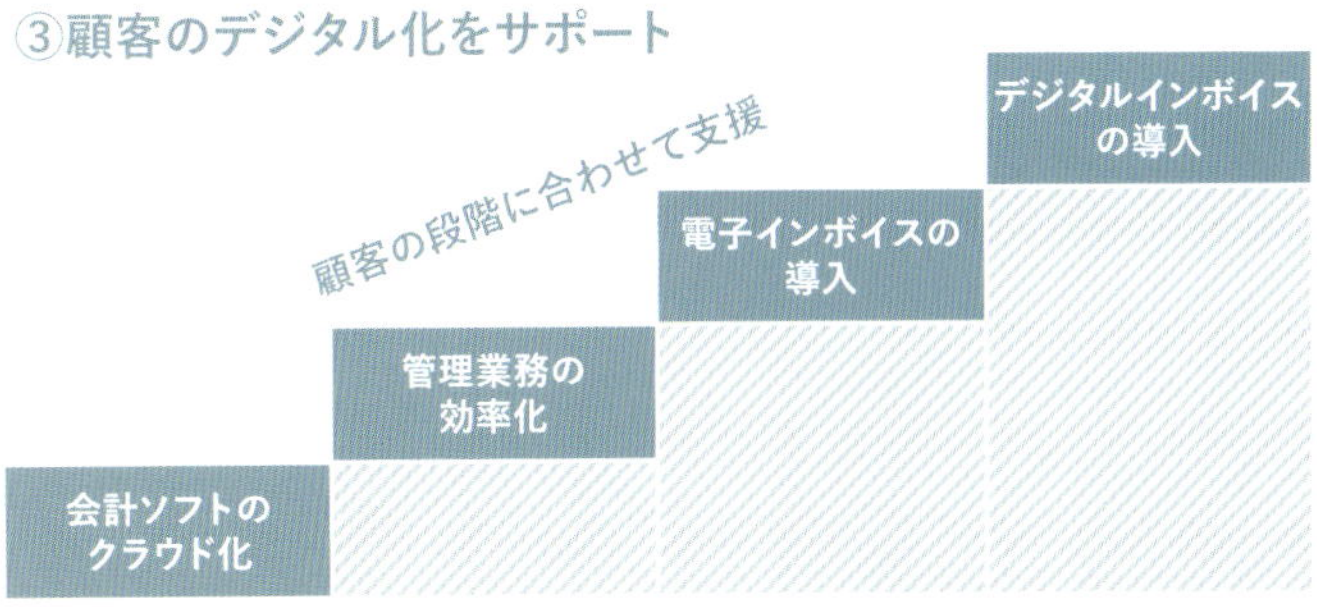

いきなりデジタルインボイスに対応するのではなく、顧客の状態に合わせてDXをサポート。オンプレの会計ソフトを使っているなら、それをクラウドに。さらに、電子請求書を発行・受領できる環境を整えるというように、段階を踏んだ支援が必要となる。

企業情報

ACTUS

アクタス税理士法人：創業30年を超える、ワンストップで企業経営をサポートする「総合コンサルティングファーム」である、アクタスグループの中核的存在。東京・大阪・長野に計237名のスタッフを有し、中小ベンチャーから上場企業、外資系企業など1000社以上のクライアントのニーズに応える。

●営業時間
9:30～17:00（月-金）

●所在地
〒107-0052
東京都港区赤坂4-2-6
住友不動産新赤坂ビル
（赤坂事務所）

●電話番号
0120-459-480

●ウェブページ
https://www.actus.co.jp/

記事広告

取材協力 | キヤノンITソリューションズ株式会社

デジタルインボイスを先導する企業に訊く 04

Ask the leading companies in digital invoicing

日本のDXを加速 紙のない世界へ

SuperStream 統括本部
SuperStream 企画開発本部 本部長 山田英樹

自動化のメリットをまずは試して

デジタルインボイスに関心があっても、手間や費用の不安から導入をためらう例もある。『SuperStream-NX』シリーズを提供しているキヤノンITソリューションズは、同シリーズのオプション機能としてデジタルインボイスに対応することで、ユーザーの負担を最小限に抑えた導入を可能にしている。

SuperStream統括本部 SuperStream企画開発本部 本部長の山田英樹氏は「SuperStream-NXユーザーであれば、簡易な設定のみでデジタルインボイスオプションを利用できます」と説明する。

SuperStream-NXは、GL（財務会計・管理会計）、AP（支払管理・経費精算管理）、AR（債権管理）などの機能が包括された製品で、提供開始から25年以上の歴史を誇る。主要な機能のほか、ユーザーは自社業務に必要なオプション機能を適宜追加することで、コストを抑えながら業務のデジタル化・効率化を図れる。

「デジタルインボイスオプションでは、請求情報の送信と同時に、債権計上の仕訳が生成されます。このデータは後続処理で入金消込にも利用可能です。受信側においては、1つの法人を拠点ごとなどで区分して取引先登録しているケースでも、デジタルインボイスに含まれる情報から適切な取引先コードに振り分け可能です。また、取引先ごとに自社の担当者を設定することで、受信したデジタルインボイスの閲覧・伝票作成を設定した担当者に限定することもできます。取引先が多岐にわたる中堅企業特有の課題に対応するため、柔軟にカスタマイズできる点も私たちの強みです」（山田氏）

取材／小林義崇 撮影／海老澤芳辰

これまでの法改正対応一覧（原則、ライセンス保守内で対応）

国際会計基準とのコンバージェンス		金融商品取引（J-SOX）	
1999年11月	税効果会計対応	2007年3月	文書化支援ドキュメント提供
1999年11月	キャッシュフロー計算書対応	2007年7月	ログ管理機能の強化
2000年2月	退職給付会計対応	2008年7月	パスワード管理機能の強化
2000年7月	有価証券時価会計対応	その他法改正	
2004年8月	減損会計対応	2006年5月	新会社法対応
2007年5月	減価償却制度改正対応	2013年12月	消費税税率変更対応
2008年1月	リースオンバランス対応	2014年12月	消費税軽減税率対応
2010年2月	資産除去債務対応	2015年8月	マイナンバー制度対応
2010年8月	包括利益対応	2017年1月	e文書法対応
2011年1月	過年度遡及仕訳対応	2019年4月	新元号対応
2012年6月	IFRS複数帳簿	2019年10月	消費税税率変更対応
2019年10月	IFRS16号対応（リース）	2022年6月	電子帳簿保存法（令和3年税制改正）対応
2020年8月	新収益認識基準対応	2022年6月	インボイス制度対応

SuperStream-NX

『SuperStream-NX』は"経理部・人事部ファースト"な思想で、企業経営のさまざまな課題を解決する

SuperStream-NXのロードマップ

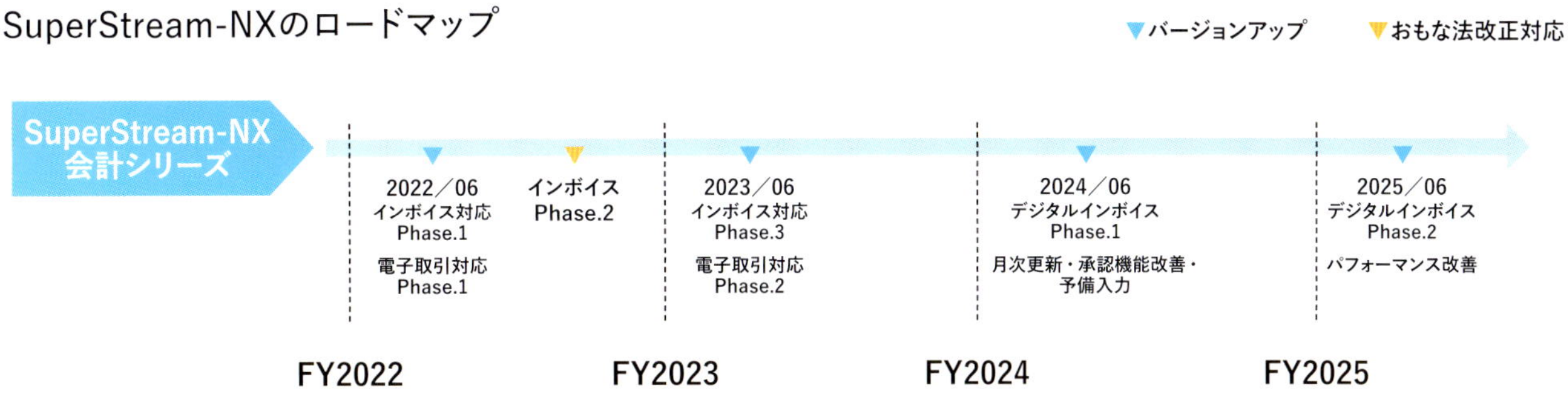

同シリーズは、これまでVOCを積極的に取り入れた結果、無償で法改正への迅速な対応や機能拡張を提供してきた。また、先進的な機能追加にも力を入れており、この姿勢はデジタルインボイスオプションにおいても変わりない。

「まずはデジタルインボイスを試してもらうことが大切。そこから普及に必要なことを模索、検討、実行していくことが私たちの役目と考えます」という山田氏の言葉どおり、自社利用いただいている販売パートナーや、ユーザー会員企業向けに、トライアル期間を設けることも検討している。トライアル終了後も、利用枚数が増えるほど1枚あたりの単価が下がる料金体系となっているため、デジタルインボイスを試したい企業から請求書を大量発行する企業まで、それぞれにメリットが期待できるというわけだ。

「グループ企業でSuperStream-NXを採用しているケースが多いため、まずはグループ間での関連業務でデジタルインボイス活用を提案しています」と山田氏は語る。企業内での段階的なデジタルインボイス導入を可能とするこのアプローチで、スムーズな全社展開を見据える。

海外からの遅れを取り戻す

山田氏はデジタルインボイスオプションを通じて「日本のDXランキングを上げたい」と話す。

国際経営開発研究所（IMD）が2023年に発表した「世界デジタル競争力ランキング」では、日本はいくつかの項目でベスト3に入っている一方、「デジタル・技術スキル」が世界63位、「機会と脅威に対する迅速な対応」が世界62位、「国際経験」「企業の機敏性」「ビッグデータ活用と分析」がそれぞれ最下位の世界64位となっている。

「企業の機敏性などで日本が世界最下位とは、あってはならない事態です。日本企業のデジタルに関わる者として、こうした外部からの評価や指摘を謙虚に受け止め、改善に繋げなくてはならないと考えています」（山田氏）

山田氏は、諸外国のデジタル化の速度を例にあげ、日本はさらなる迅速な対応が必要だと指摘する。

「日本は古い商習慣のしがらみが根付いており、紙文化を払拭しきれていません。その間にも海外は変化のスピードを上げています。例えばマレーシアでは、企業の売上高に応じて順次デジタルインボイスの義務化が進んでおり、2025年7月からは全面適用される予定です。こうした世界の動きから日本が取り残されることなく、追いついていけるようにしたいのです。キヤノンITソリューションズは日本全体の業務効率化に貢献すべくEIP

利用者の声を聞き、共に仕組みを作っていく

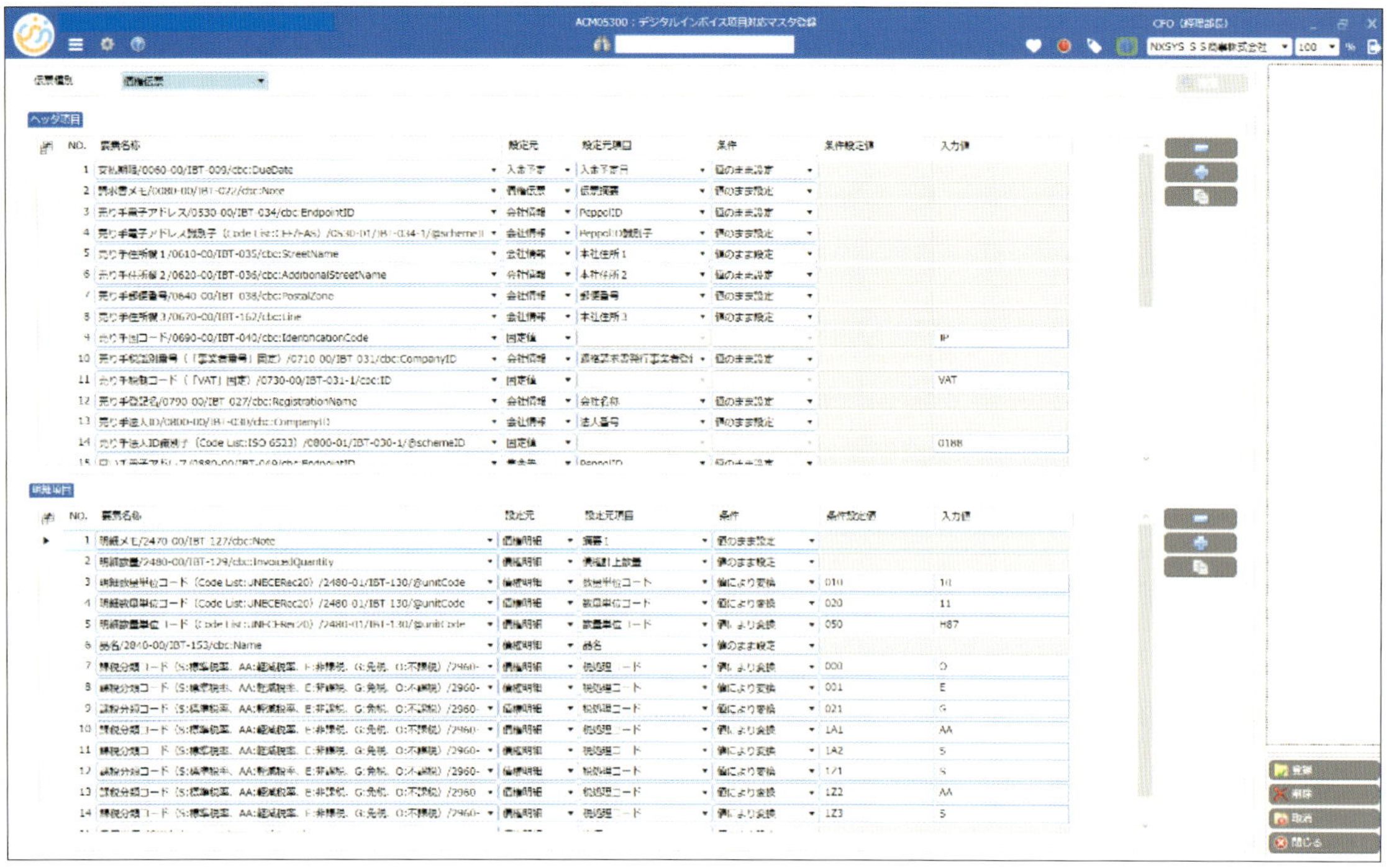

取引先マスタおよび債権伝票の各項目と、JP PINTの各要素を紐づけ・変換するマスタの画面。
同画面上から、顧客は利用したい項目を網羅したデジタルインボイスを自動作成できる

A（電子インボイス推進協議会）の活動にも積極的に協力しています」（山田氏）

パートナーと市場を共創

キヤノンITソリューションズの特徴はパートナービジネスを主体としたビジネスモデルにある。メーカーが第三者のパートナーと協業して販売や顧客のサポートをし、シナジーを生み出す。

デジタルインボイスオプションを2024年6月に提供開始するにあたり、事前にパートナー向けのリリース告知や製品説明会も実施した。

「今後も、パートナー様向けの勉強会といった取り組みを定期的に実施する予定です。まだリリースから間もない段階ですが、これから私たちがパートナー様とデジタルインボイスの市場を形成する意気込みで、啓蒙活動を続けていきます」（山田氏）

企業の心理的なハードルを下げる取り組みにも積極的だ。機能面ではデジタルインボイスのテスト送信モードを実装。本番送信とテスト送信の2つのボタンを用意している。テストモードでは、自社のPeppol IDに対して送信することで送信結果を確認でき、本番送信のミス防止につなげられる。

また、同社製品の利用者が参加できる「ユーザー会」では、利用者同士が交流できる無料コミュニティサイトの運営や製品説明会、セミナーやコンテンツ配信を行う。

今後も製品開発を進め、より使いやすいシステムにアップデートをする計画だ。山田氏は「これからの製品開発では、まず世に出してみて、利用者の声を聞くことも重要と考えます。実際の声を聞きながら、速やかにアップデートを重ね、ユーザーと共にシステムを作っていきたい」と話す。

当面は受信時の仕訳作成から支払いまでの一連のプロセスを自動化する機能開発を進める。2025年6月には生成された仕訳から関連マスタを自動登録する機能を提供予定で、市場の動向を見ながらDI-ZEDI（金融EDI情報標準）やZEDI（全銀EDIシステム）からの自動消込に対応する機能拡張も検討中だ。

「請求にまつわる業務の大半が自動化されることで、経理業務はさらに高付加価値な業務へとシフトすることになるでしょう。経理に紙のない世界はすぐそこです」（山田氏）

テスト送信のイメージ

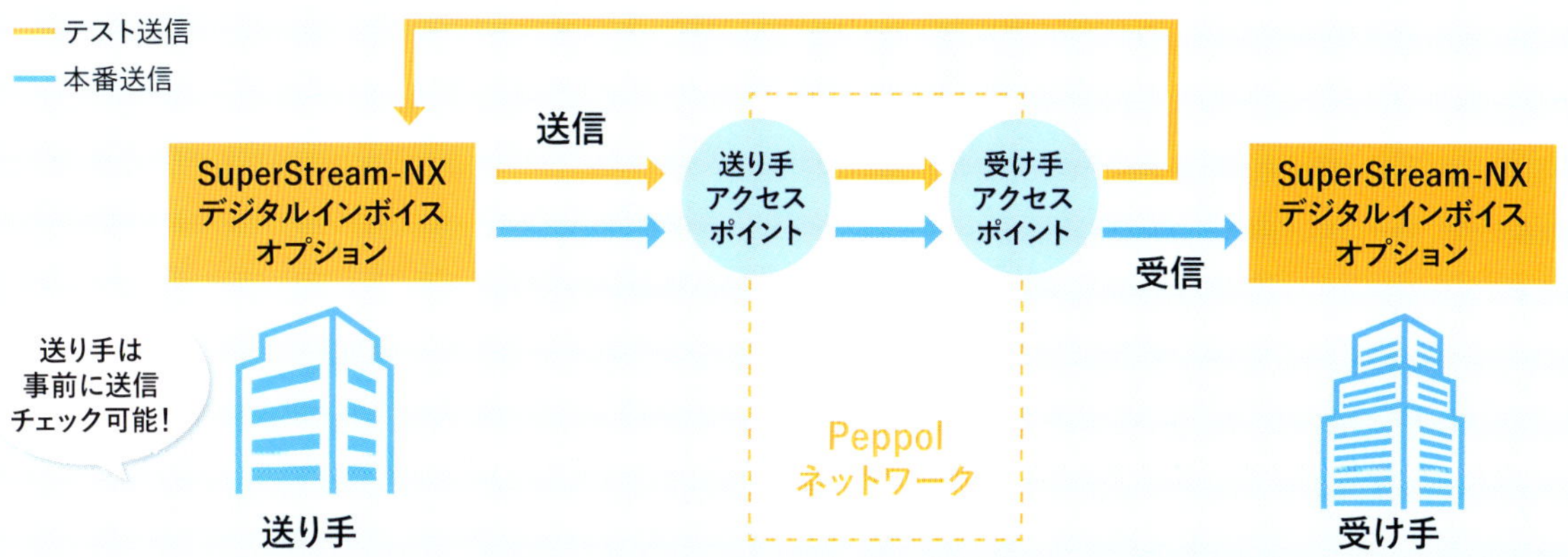

ユーザー会の取り組み

無料コミュニティサイト

ユーザー同士の情報交換や情報共有の場を提供。ユーザーの業務改善にも寄与する

製品説明会・要望検討会

製品説明会や製品に対する要望検討会を例年開催。ユーザー目線での機能改善が可能に

コンテンツ配信

実務トレーニングセミナーの定期開催のほか、お役立ち情報や主催セミナーの案内を配信

オフラインイベント

オフラインイベントは年1～2回の頻度で開催予定。オンラインや地方での実施も検討している

ユーザーの課題発見・解決につなげる

キヤノンITソリューションズ株式会社

先進ICTと元気な社員で未来を拓く“共想共創カンパニー”として、製造や流通、金融向けソリューションを展開する。2023年スーパーストリーム株式会社と合併。

キヤノン ITソリューションズ株式会社

SuperStream統括本部

■営業時間
9:00～17:30(月-金)

■所在地
〒140-8526
東京都品川区東品川2-4-11
野村不動産天王洲ビル

■連絡先
ss-info@canon-its.co.jp

■ウェブページ
https://www.superstream.canon-its.co.jp

お問い合わせはこちら

スペック要件

クライアント	
OS	Windows
アプリケーション	.NET Framework
ソフトウェア	Adobe Reader/Adobe Acrobat、Microsoft Excel
クライアント（モバイル端末）	
iOS	iOS、Android
アプリケーションサーバ	
OS	Windows Server
アプリケーションサーバ	Microsoft.NET Framework、Oracle Client DBMSとしてOracleを使用する場合 Internet Information Services(IIS)
データベースサーバ	
データベースサーバ	Oracle Database、SQL Server
クラウド	
Oracle Cloud Infrastructure、Amazon Web Services、Microsoft Azure	

取材協力　ウイングアーク1st株式会社

デジタルインボイスを先導する企業に訊く 05
Ask the leading companies in digital invoicing

デジタルによる自動化と残る人作業の効率化を支援

取材／丸田鉄平　撮影／小池彩子

Business Document 事業部
副事業部長　新井明

ツールの散在問題を解決

総合帳票基盤ソリューション「SVF」と、帳票の電子化に関する4つのサービスからなる電子帳票プラットフォーム「invoiceAgent（インボイスエージェント）」を提供するウイングアークでは、デジタル化した証憑について、発行・発送フローの最適化から保管までの一元管理に取り組む。

同社のBusiness Document事業部副事業部長の新井明氏は、証憑の発行・保管において、部署や拠点、取引先などとのやりとりにおける「利用ツールの散在」が大きな課題と話す。

「配信元と受領先で利用しているツールが異なると、どちらか一方が相手の利用ツールに揃えることになります。ツールの使い分けにより作業が煩雑になり、証憑やその写しの保存場所も分散してしまうわけです。これは、取引先の多い大企業ほど表面化しやすい課題といえます」（新井氏）

ウイングアークでは「デジタル帳票基盤」というコンセプトのもと、製品開発を進め、ツール散在の課題を含む、帳票関連業務の効率化を目指す。これは、配信・受領・保管といった帳票業務の最適化を目指したシステムで、主に帳票の送受信時における工数削減などに貢献する。その実現に向けた工程の1つがデジタルインボイスへの対応だ。

「デジタルインボイスでは請求データの仕様が統一されており、対応ツールであれば異なるツール間でも請求書をやりとりできます。ツールの散在対策では、過去にもさまざまな取り組みを行ってきましたが、現状ではデジタルインボイスの導入が最適解といえるで

大企業では使用ツールが散在

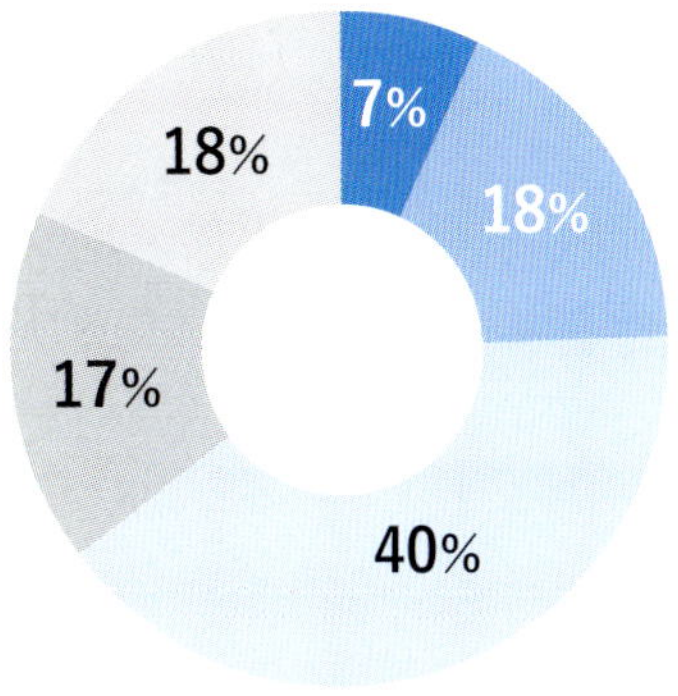

7.1%	10種類以上
17.6%	6~9種類以上
40.2%	25種類
17.0%	1種類のみ
18.1%	わからない

左は社外との商取引において使用したデジタルツールおよびクラウドツールの種類を調査したもの。デジタル化の加速もあり、多くの企業が2つ以上のツールを併用している状況です

※ウイングアーク1ｓｔ株式会社
「企業間取引の電子化に関する実態調査2024(n=393)」

invoiceAgent電子取引

取引帳票の送受信から管理までを一括で行えるクラウド型電子取引ソリューションで、企業間の取引を加速

大企業では使用ツールが散在

Peppolの課題	invoiceAgentのPeppolサービスにおけるメリット
請求書のみが対応	請求書以外の文書のWeb送受信・郵送も可能なため、**Peppolの利用率が低い段階でも導入効果を得られる**
取引先側でのPeppol送付のシステム対応	無料の私書箱でPeppolの送受信が行えるため、**取引先側の負担も軽微**
Peppol受信・取込みのシステム対応	**CSVファイルでの連携**により軽微な設定で業務システムと連携が可能
受領後の宛先部門への振分け	適切な**部署・担当者への振分け**、通知が可能
1法人で1つのPeppol ID	**PDF請求書への変換が可能**なため、関係者への共有も可能
XMLデータによる視認性の低さ	**電帳法に対応した保管**もサポート

しょう」（新井氏）

証憑は視認性と信憑性が重要

ウイングアークでは、「デジタル帳票基盤」でやりとりされる証憑には「連携性」「視認性」「信憑性」の3つが必要と考える。このうち「連携性」については、デジタルインボイスの導入による実現が可能だ。ただ、新井氏によると取引先にデジタルインボイスでの発行を依頼しても、現状では「対応する請求書発行システムがない」と断られるケースがあるという。同社では請求書の送受信をサポートする「私書箱」機能の提案でデジタルインボイスの普及促進を図る。

私書箱は請求書の送受信を担う「インボイスエージェント 電子取引」の利用者が取引先に無料で配布できる仕組みで、取引先は私書箱を使うことで「インボイスエージェント 電子取引」の利用者とPDFの請求書やデジタルインボイスの送受信を行うことができる。デジタルインボイスについてはほかのツールとの送受信も可能（一定通数まで無料）。さらに請求データを手入力、もしくはCSVファイルを取り込むことで、デジタルインボイスを発行できる。

「私書箱を利用すれば、取引先がデジタルインボイスに対応・非対応かどうかで、請求書の発行フローを分けることもありません。また、年内にリリース予定の機能『デジタル封筒』では、証憑の送受信フローを管理する際に『請求書をデジタルインボイスで送ってほしい』と打診できます」（新井氏）

デジタルインボイスの普及後も、紙やPDFの請求書が混在する時期が続くと予想される。そのなかでも、私書箱を通じてデジタルインボイスが身近になっていけば、取引のある企業の間で導入されるきっかけになり得る。

デジタルインボイスでは「登録番号」や「口座番号」などの請求データが、メールやファイルを介することなく、受領先の請求書管理システムへと直接届く。このため、受領先の経理担当者は基本的に利用システムのプレビュー機能を用いて請求データを確認するが、「いかに視認性の高い帳票イメージのPDFでプレビューできるか」も、同社がこだわったポイントの1つだ。

「デジタルインボイスで経理業務を効率化しても、最後には目視でデータの不備を確認する必要がありますから、プレビューの視認性は重要です。また、PDFで出力することにも意味があります。プレビューではシステムの利用者しかデータを確認できませんが、PDFなら環境を問わずに閲覧可能です」（新井氏）

出力したPDFにはタイムスタンプが埋め込めるため、改ざんを防止でき

請求書の棚卸しで導入の優先順位をつける

シンプルでわかりやすい画面や設定で、請求書などの送信・受信を共通の画面上でやりとりできるほか、保管機能についても電帳法要件が考慮されている。ウェブ配信と郵送を両立した運用も可能

る。電子帳簿保存法では「システム上に訂正や削除の履歴を残す」ことでも非改ざん性証明ができるが、同時にシステム移行が困難になる恐れもあるため、PDFで請求書をプレビューできるメリットは大きい。

ウイングアークでは、証憑を紙で扱っていた当時から、「複数ページに渡る証憑を印刷しやすいように分割する」など、PDF化に関連する課題と真摯に向き合い、バックオフィスの効率化を実現してきた。その技術はデジタルインボイスの導入に生かされるとともに、「デジタル帳票基盤」の証憑に必要とされる「視認性」と「信憑性」の実現にも通じている。

まずは大企業から利便性を広める

部署や拠点が複数に分かれている場合や、取引相手が多い会社ほど、デジタルインボイス導入のメリットは大きい。しかしながら、企業が全社を挙げて導入するにはコスト面やリソース面で「時期尚早」とする見方もある。この対策として新井氏は、デジタルインボイスを導入するべき請求書の棚卸しを提案する。

「企業が扱う請求書は発行と受領に加え、不定期・定期発行、分割・月締め払いなど、形式がさまざまです。どの請求書から対応するべきか、導入の優先順位をつけることで、デジタルインボイス導入の費用対効果を最大化できるはずです」(新井氏)

デジタルインボイスに興味関心を向ける企業も多い。ウイングアークへの問い合わせも、足元では増加傾向だという。大規模な送受信に関する要望も増えてきており、従来の月に数万件規模から、数十万、数百万規模への対応を求められているそうだ。「インボイスエージェント 電子取引」では、管理機能を強化しており、基幹システムのマスタ情報をもとに、請求書の参照権限を自動的に更新するなどの対策を繰り返してきた。

こうしたメリットを打ち出すことで、まずは大企業に始まり、続いて関連企業にデジタルインボイスの導入が進んでいく。それがウイングアークの考えるデジタルインボイス普及のシナリオだ。

「請求書を送受信する取引先が多いこともあり、デジタルインボイスは大企業ほど導入した際のメリットが大きい仕組みといえます。紙の請求書の時代には埋もれていた帳票を可視化したいという意見も耳にする機会が多く、各企業が抱えるニーズを全体へフィードバックしながら、製品開発を続けて参ります」(新井氏)

●「私書箱」を利用した送受信のイメージ

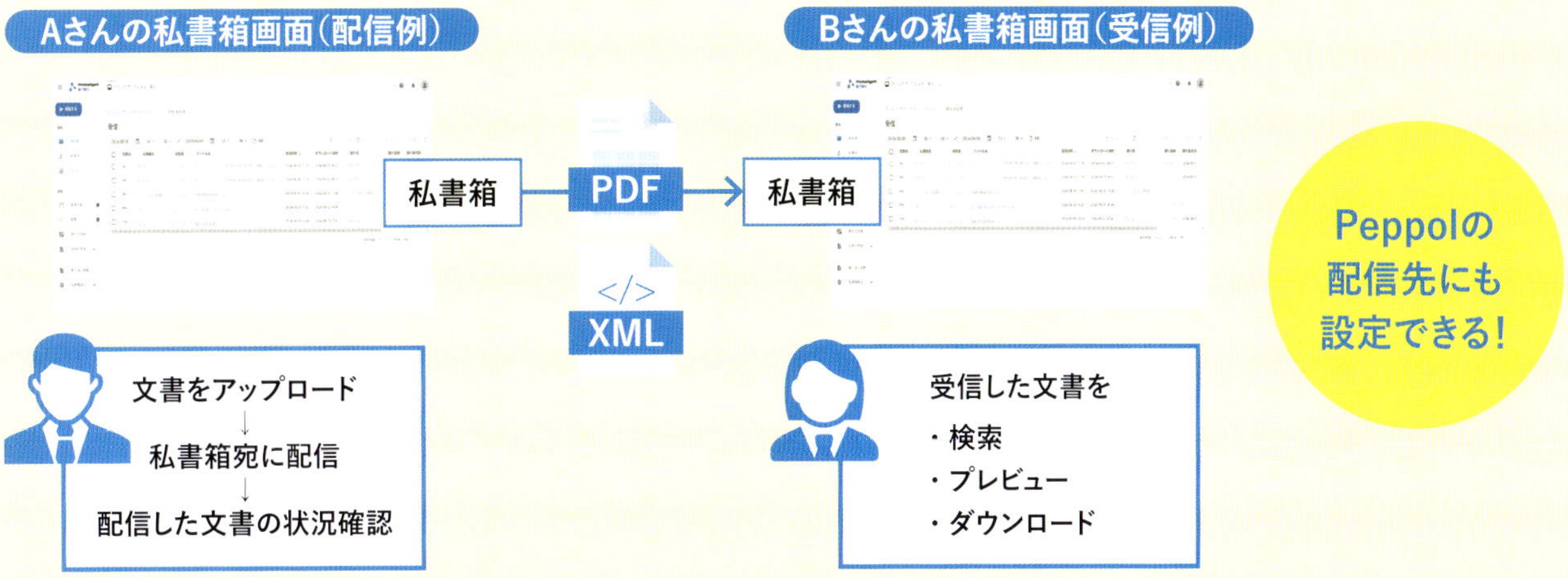

●「デジタル帳票」で業務を効率化

デジタル帳票の3要素

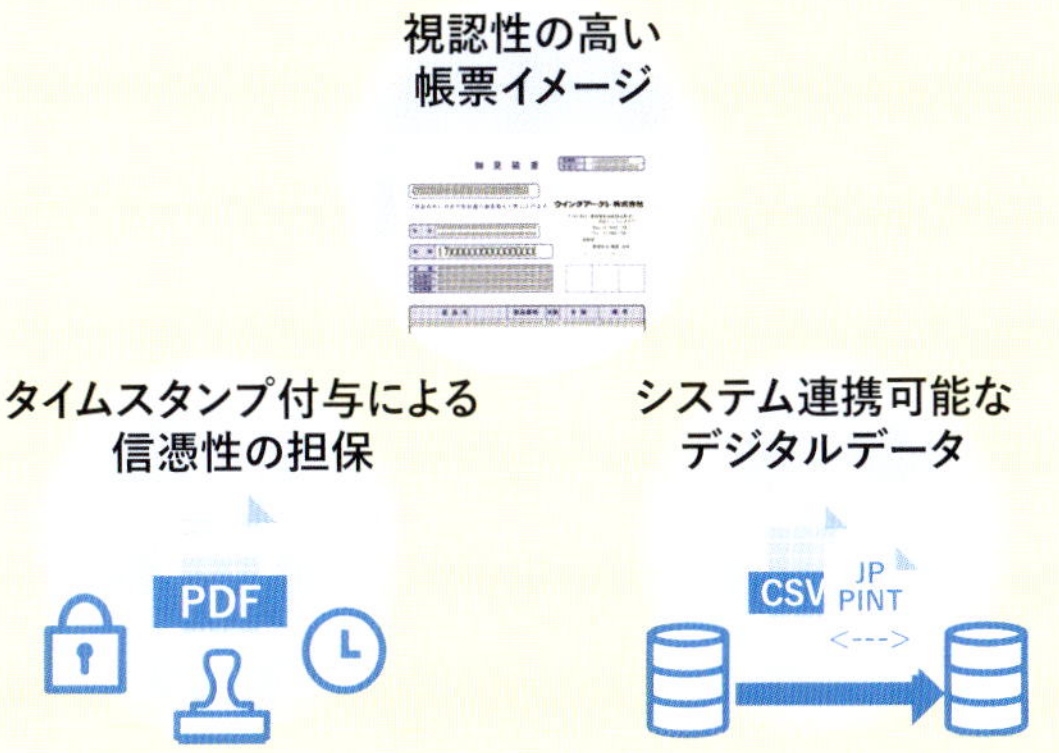

視認性の高い帳票イメージとシステム連携可能なデジタルデータの性質を併せ持ったPDFファイルがデジタル帳票のコンセプト。タイムスタンプで電子帳簿保存法に必要な信憑性も担保する

デジタル帳票基盤のイメージ

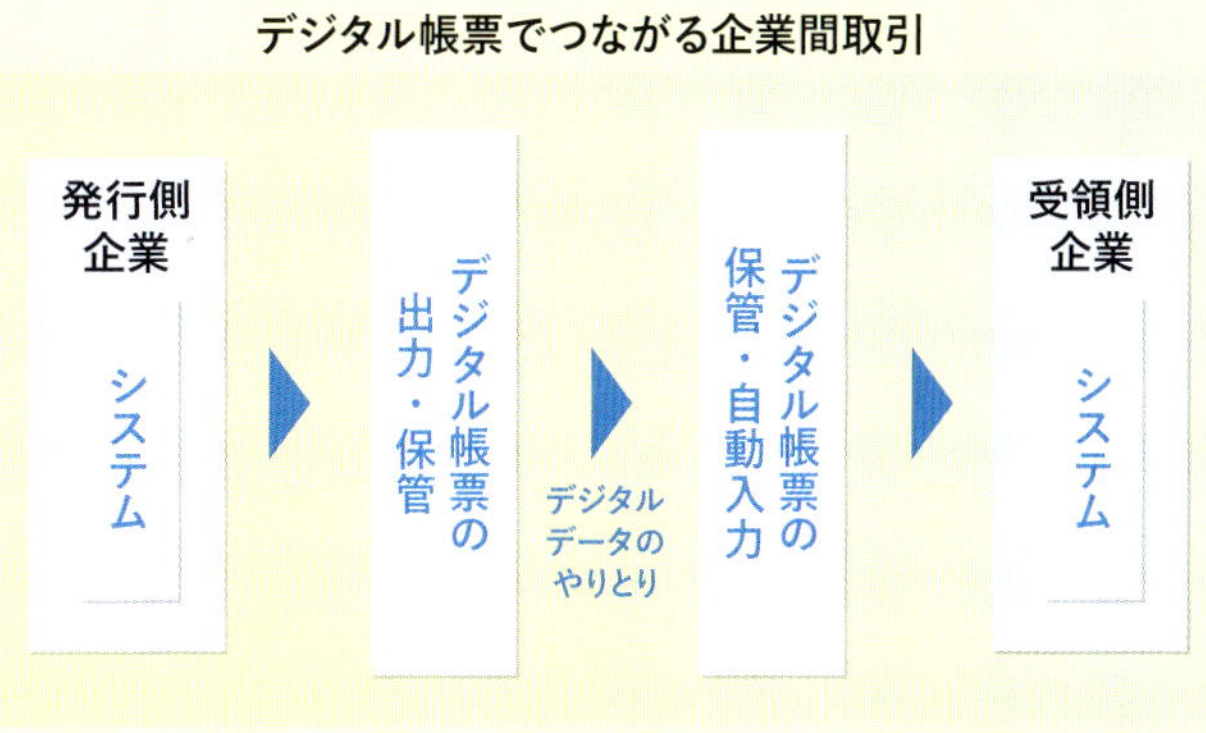

デジタル帳票基盤は企業間で飛び交う帳票をデジタル帳票化し、保管、配信、受領、社内システムへの連携までを提供することで、個々の企業特性に合わせながら帳票業務の全体最適を実現、非生産的な業務の削減を目指すシステム

●電子取引 配信機能 クライアント環境

OS※1	Microsoft(R) Windows(R) 10 Pro、Enterprise (32bit/64bit) ※3 ※4
	Microsoft(R) Windows(R) 11 Pro、Enterprise ※5
	macOS Ventura (13.0)
	macOS Sonoma (14.0)
OS言語	日本語、英語 、中国語 (簡体字)
Webブラウザー※2	Microsoft(R) Edge ※6 ※7 ※8
	Mozilla Firefox (ESR) (32bit/64bit) ※7 ※9
	Google Chrome(R) ※7 ※10
必要なソフトウェア	Adobe Acrobat Reader DC ※11
必要メモリ	2GB以上

※1 延長サポートが終了した環境に依存する障害に関してはサポートの対象外となります。
※2 Webブラウザー版の推奨画面解像度は、SXGA (1280×1024) 以上です。
※3 タブレットモードには対応していません。
※4 バージョン 22H2以降に対応しています。
※5 バージョン 23H2以降に対応しています。
※6 デスクトップ版にのみ対応しています。
※7 Webブラウザー版の推奨画面解像度は、SXGA (1280×1024) 以上です。
※8 IEモードには対応しておりません。
※9 ESR版のみ対応しています。
※10 最新バージョンから2バージョン前までがサポート対象です。
※11 SVFではPDFバージョン1.4で作成しているため、通常は問題なく表示されますがAdobe Readerの互換性により正常に動作しない可能性があります。

税務通信をあきらめない

税理士
村木 慎吾 氏
×
税理士
米津 良治 氏

税務研究会が「週刊 税務通信」や税務・会計まわりの実務情報の理解を深めるために音声メディアでお届けしている「声でとどける税務通信」。今回は、人気パーソナリティのお二人に、「週刊 税務通信」の存在価値やデータベース版を含めた利用方法について語っていただきました。

お二人にとって、「週刊 税務通信」の位置づけは?

村木　私の中では個人でできる情報収集ツールのメインだと思っています。ヨイショするわけでも何でもなくて、私の経験上の話をすると、記事の内容を見ていても、やはり国税当局に取材されているものだなというのはわかりますし、ちゃんと確認を取っている内容だなと思われるので、そのような信頼性はあるなという。その分、堅苦しいことを書くことが多いですが、そういう意味では信頼性が一番あるのかなと私は思います。なので、私の中では情報収集していく中でのツールのまずはメインだと。当然、ほかにもメディアは、いろいろありますし、そこも、もちろん読んではいるんですけど、メインツールとしては「税務通信」を使っているという感じですね。米津先生どうですか?

米津　私もそうですね。正確かつタイムリーな情報という位置づけで、税務通信さんは見ていますね。他にもいろいろな情報源があって、それぞれの特徴がありますけど、**何より正確でタイムリーな情報を見るんだったらここだなと思っています。**

村木　私の周りもそんな感じなんで、意見が一致していてよかったです。

「週刊 税務通信」をどのように利用されていますか?

米津　環境の違いで利用方法がいろいろあると思いますが、村木先生はどういう風に使っていますか?

村木　若い頃のあまり知識がない頃と今では全然違うなというのはあって、**昔は正直ほとんど読めなかったです。書いている意味がわからなくて、**ほとんど。**ただそこで先輩からのアドバイスもあって「諦めるな」と。なのでまずは分かる部分だけ読み続けましたね。**とりあえず発刊されれば分かる部分だけ読んで、分からないものの中で興味があるものとか実務に関係している、自分のやっている仕事に関係しそうなものは先輩に聞いて教えてもらうというのを、若いうちはひたすら繰り返してました。で、**何年かしてくると分かる部分が増えてきた**という感じの使い方で。その若いうちという意味ではいくと、同じようなレベルの同僚と読み合わせしてましたね。

米津　読み合わせですか。

村木　私が先ほど言ったとおり、自分だけじゃどうしてもやめてしまうので、周りを巻き込んで同じレベルの人間を連れてきて「一緒に読もうよ」という話で読めば継続してできるので、その中で議論しながら、教えてもらいながらというのをやっていましたね、昔は。で、今は紙で届いたら、全部読んでます。**今は当然分からない部分ってそんなにないですけども、どっちかというと今は疑問が湧く。**これを読んで、じゃあこの場合はどうだとか、この論点どうなんだとか、この考え方どうなんだという疑問をなるべく作るようにしていて、例えば一冊に5つは疑問を出すという自分に課題を与えて。

米津　すごいストイックですね。

村木　そうでしょ(笑) 疑問が湧いたら、それを相談できる仲間が今はいるので、どう思いますかって聞いたりしています。なので**今は疑問を自ら作り、それを埋めることで勉強するというのをプラスアルファでしていますね。**

米津　すごいですね。なかなかその領域までたどり着けるかというところもありますけど。でもやっぱり、**最初は読んでいて何言ってるかわかんないというか、単語レベルでわからないワードが出てくるから読めないっていうのはある意味みんなそうなのかなというところで、そこからこのわからないから見ないというサイクルに入っちゃわないようにした方がいいなと思います**よね。

村木　ちなみに米津先生どんな感じで使っていますか?

村木 慎吾 氏

同志社大学卒業後、税理士法人ゆびすい、税理士法人トーマツを経て、平成21年、村木税理士事務所を開設。週刊税務通信 人気連載「実例から学ぶ 税務の核心」共同執筆者であるほか、著書多数。

米津　私は少なくとも**いわゆる一面って言うんですかね、「展望」って書かれている「週刊 税務通信」の表紙に3つぐらいトピックがあって、かつ中身をかなりコンパクトに書いてもらっているところ。あそこは、最低限、目を通すようにしていて、そこから中の方の深掘りをしていくという見方**で読んでいます。

村木　でもあれですね、**私も若い頃に自分にアドバイスをするとしたら、その当時は誤解してたんですけど、「税務通信」を読んで記憶しないといけないと思ってたんです**よね。

米津　あ～、わかります。

村木　記憶は、私、苦手なんで、**それをやろうとしたらしんどかったんです**よね。だからやめちゃうっていうのもあると思うんですけど、**若い自分に言えるとしたらそんな必要はない**。とりあえず理解をしようと。**細かい要件とか形式の話は、どうでもいいので、その内容の趣旨を軽く理解しよう**、という感じで教えるような気がしますね。**趣旨を理解すれば、実務で同じ話があった時**に、**違和感のセンサーが働くんです**よね。

米津　違和感、大事ですよね。

村木　だから何か趣旨と違うなと思えば、その時、調べればいいという流れにすればいいと思うので。今、聞かれている方で若い人がいらっしゃったら、難しいでしょ？難しいのは私も経験したんで、それはそうなんです。ただ、ちょっと分かるとこだけ書いていることの趣旨を理解する癖をつけていけば、きっと役立つと思うので、それはぜひ自分が若い頃に教えてあげたかったなという気がしますね。

米津 良治 氏

上智大学卒業後、一般事業法人（経理部）、税理士法人勤務を経て、令和2年、BASE（ベイス）総合会計事務所を開設。主な共著書に「会計事務所と会社の経理がクラウド会計を使いこなす本」（ダイヤモンド社）などがある。

米津　そうですよね。お客さんと話をしていて、こういう風にすればいいんじゃないかみたいな話が出てきて、いや、これなんかちょっとおかしい気がするなみたいな。そういう感覚を育むっていうのはとても大事なことですよね。

村木　そうですね。**こんなんあったなと思えば、税務通信さんの検索ツールを使えばいい**と思うので、**記事検索すれば大体ヒットします**もんね。

オンライン版の「週刊 税務通信」＝「税務通信データベース」はどのように使ってますか？

米津　とてもいいですよね。記事検索して見れるとか、あとはブックマークで保存もできるので、これは多分見るだろうなとか、これは**お客さんに説明するときに、多分、見せながらやった方がいいよね、みたいなものがあるとき**には、**ブックマークに取っておいたり**しますね。

村木　しますよね。あと**ネットという意味でいくと、「条文集」って非常にいい**ですよね。

米津　あれめちゃくちゃいいですよね、「条文集」は。動き早いし、括弧って辛いじゃないですか。括弧の中に括弧が…マトリョーシカみたいになっていたりするのが。

村木　（笑）

米津　あれを一気に消したりとか、もしくは色をつけて何層目か分かるようになってたりとかっていう機能もあったりとか、印刷もしやすかったりとかベタ褒めになっちゃいますけど、**今まで見てきた条文検索の中で一番使いやすい**なって思う。やっぱり条文大事ですよね。

村木　ある程度まで来たらやっぱり条文読まないと結局分からないっていうところがあるので、逆に条文読めると圧倒的な武器になると思うんですよね。その読む際に、おっしゃったように、読みにくいので条文は。税務通信さんの条文集だと色分けしてもらってて、リンク貼ってるし非常に読みやすいので、これで慣れるっていうのは大事だと思いますね、非常に。

※「声でとどける税務通信」特別企画「みんなの税務通信 第3回 税務通信をあきらめない」より、文章化するにあたり、編集部で一部修正

知識ゼロでも基礎からわかる

デジタルインボイス 入門編

2024年10月7日　初版 第1刷発行

（著者承認検印省略）

編者
©税務研究会

編集・執筆協力
ペロンパワークス・プロダクション

カバーデザイン
THROB

本文デザイン
THROB
STILTS

イラスト
岡田丈

協力
EIPA（デジタルインボイス推進協議会）
中村太郎（中村太郎税理士事務所）

発行所
税務研究会出版局
週刊「税務通信」「経営財務」発行所
代表者　山根毅
〒100-0005
東京都千代田区丸の内1-8-2 鉄鋼ビルディング

印刷・製本
奥村印刷株式会社

本書の内容に関するご質問は、
税務研究会ホームページのお問い合わせフォーム
（https://www.zeiken.co.jp/contact/request/）よりお願い致します。
なお、個別のご相談は受け付けておりません。
乱丁・落丁の場合は、お取り替え致します。

ISBN 978-4-7931-2842-4